국가직무능력표준
(NCS, national competency standards)

국가직무능력표준
표준 및 활용패키지

사회복지서비스
(사회복지사례관리)

한국산업인력공단

Jinhan M&B

국가직무능력표준
표준 및 활용패키지 **사회복지서비스(사회복지사례관리)**

초판 인쇄 2015년 06월 01일
초판 발행 2015년 06월 03일
저자 한국산업인력공단
발행처 진한엠앤비
주소 서울시 서대문구 독립문로 14길 66 210호
(냉천동 260, 동부센트레빌아파트상가동)
전화 02) 364 - 8491(대) / 팩스 02) 319 - 3537
홈페이지주소 http://www.jinhanbook.co.kr
등록번호 제313-2010-21호 (등록일자 : 1993년 05월 25일)
ⓒ2015 jinhan M&B INC, Printed in Korea

ISBN 979-11-7009-366-4 (93550) [값 : 19,000원]

C.o.n.t.e.n.t.s

C.o.n.t.e.n.t.s

Ⅳ 부 록

CHAPTER I

국가직무능력표준 개요

1 국가직무능력표준 개념

○ 국가직무능력표준(NCS, national competency standards[1])은 산업현장에서 직무를 수행하기 위해 요구되는 지식·기술·소양 등의 내용을 국가가 산업부문별·수준별로 체계화한 것으로, 국가적 차원에서 표준화한 것을 의미

[그림1] 국가직무능력표준 개념도

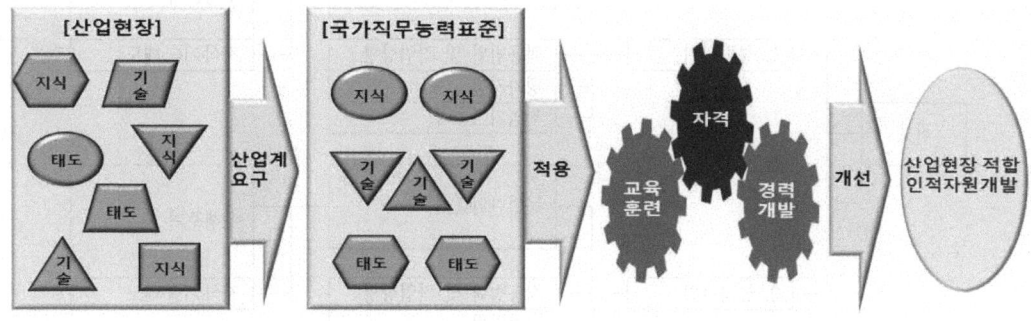

2 사업수행 법적근거

「자격기본법」 규정

(제2조제2호) "국가직무능력표준"이란 산업현장에서 직무를 수행하기 위하여 요구되는 지식·기술·소양 등의 내용을 국가가 산업부문별·수준별로 체계화한 것을 말한다.

---

1) 표준국어대사전('12년, 국립국어원)
　① 직무능력
　- 직무(職務) : 직책이나 직업상에서 책임을 지고 담당하여 맡은 사무. '맡은 일'로 순화.
　- 능력(能力) : 일을 감당해 낼 수 있는 힘.
　② 표준
　- 표준(標準) : 사물의 정도나 성격 따위를 알기 위한 근거나 기준.

○ 직무는 국가직무능력표준 분류체계의 세분류를 의미하고, 원칙상 세분류 단위에서 표준이 개발
○ 능력단위는 국가직무능력표준 분류체계상 세분류의 하위단위로서 국가직무능력표준의 기본 구성요소에 해당

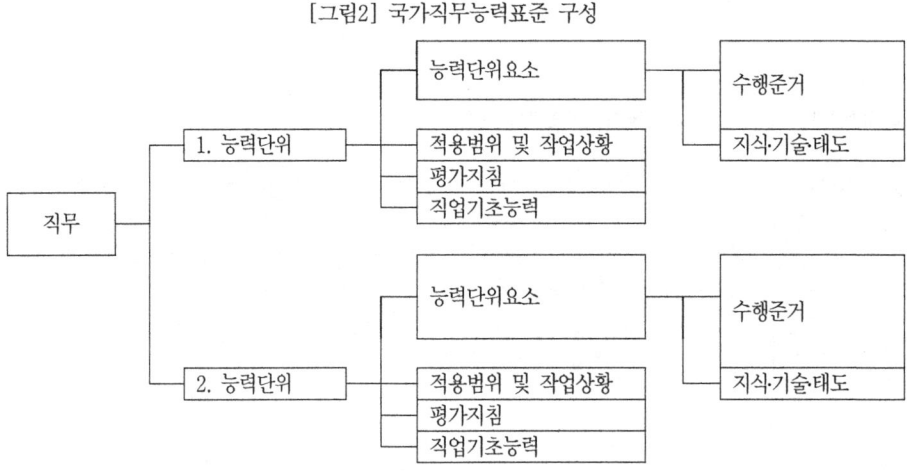

[그림2] 국가직무능력표준 구성

※ 능력단위는 능력단위분류번호, 능력단위정의, 능력단위요소(수행준거, 지식·기술·태도), 적용범위 및 작업상황, 평가지침, 직업기초능력으로 구성

구 성 항 목	내 용
① 능력단위분류번호 (competency unit code)	· 능력단위를 구분하기 위하여 부여되는 일련번호로서 12자리로 표현
② 능력단위명칭 (competency unit title)	· 능력단위의 명칭을 기입한 것
③ 능력단위정의 (competency unit description)	· 능력단위의 목적, 업무수행 및 활용범위를 개략적으로 기술
④ 능력단위요소 (competency unit element)	· 능력단위를 구성하는 중요한 핵심 하위능력을 기술
⑤ 수행준거 (performance criteria)	· 능력단위요소별로 성취여부를 판단하기 위하여 개인이 도달해야 하는 수행의 기준을 제시
⑥ 지식·기술·태도(KSA)	· 능력단위요소를 수행하는 데 필요한 지식·기술·태도
⑦ 적용범위 및 작업상황 (range of variable)	· 능력단위를 수행하는데 있어 관련되는 범위와 물리적 혹은 환경적 조건 · 능력단위를 수행하는 데 있어 관련되는 자료, 서류, 장비, 도구, 재료
⑧ 평가지침 (guide of assessment)	· 능력단위의 성취여부를 평가하는 방법과 평가시 고려되어야 할 사항
⑨ 직업기초능력 (key competency)	· 능력단위별로 업무 수행을 위해 기본적으로 갖추어야할 직업능력

수 준	직 무 수 준 정 의
8수준	− 해당분야에 대한 최고도의 이론 및 지식을 활용하여 새로운 이론을 창조할 수 있고, 최고도의 숙련으로 광범위한 기술적 작업을 수행할 수 있으며 조직 및 업무 전반에 대한 권한과 책임이 부여된 수준
	(지식기술) − 해당분야에 대한 최고도의 이론 및 지식을 활용하여 새로운 이론을 창조할 수 있는 수준 − 최고도이 숙련으로 광범위한 기술적 작업을 수행할 수 있는 수준
	(역량) − 조직 및 업무 전반에 대한 권한과 책임이 부여된 수준
	(경력) − 수준7에서 2~4년 정도의 계속 업무 후 도달 가능한 수준
7수준	− 해당분야의 전문화된 이론 및 지식을 활용하여, 고도의 숙련으로 광범위한 작업을 수행할 수 있으며 타인의 결과에 대하여 의무와 책임이 필요한 수준
	(지식기술) − 해당분야의 전문화된 이론 및 지식을 활용할 수 있으며, 근접분야의 이론 및 지식을 사용할 수 있는 수준 − 고도의 숙련으로 광범위한 작업을 수행하는 수준
	(역량) − 타인의 결과에 대하여 의무와 책임이 필요한 수준
	(경력) − 수준6에서 2~4년 정도의 계속 업무 후 도달 가능한 수준
6수준	− 독립적인 권한 내에서 해당분야의 이론 및 지식을 자유롭게 활용하고, 일반적인 숙련으로 다양한 과업을 수행하고, 타인에게 해당분야의 지식 및 노하우를 전달할 수 있는 수준
	(지식기술) − 해당분야의 이론 및 지식을 자유롭게 활용할 수 있는 수준 − 일반적인 숙련으로 다양한 과업을 수행할 수 있는 수준
	(역량) − 타인에게 해당분야의 지식 및 노하우를 전달할 수 있는 수준 − 독립적인 권한 내에서 과업을 수행할 수 있는 수준
	(경력) − 수준5에서 1~3년 정도의 계속 업무 후 도달 가능한 수준
5수준	− 포괄적인 권한 내에서 해당분야의 이론 및 지식을 사용하여 매우 복잡하고 비일상적인 과업을 수행하고, 타인에게 해당분야의 지식을 전달할 수 있는 수준
	(지식기술) − 해당분야의 이론 및 지식을 사용할 수 있는 수준 − 매우 복잡하고 비일상적인 과업을 수행할 수 있는 수준
	(역량) − 타인에게 해당분야의 지식을 전달할 수 있는 수준 − 포괄적인 권한 내에서 과업을 수행할 수 있는 수준
	(경력) − 수준4에서 1~3년 정도의 계속 업무 후 도달 가능한 수준

수 준	직 무 수 준 정 의
4수준	– 일반적인 권한 내에서 해당분야의 이론 및 지식을 제한적으로 사용하여 복잡하고 다양한 과업을 수행하는 수준
	(지식기술) – 해당분야의 이론 및 지식을 제한적으로 사용할 수 있는 수준 – 복잡하고 다양한 과업을 수행할 수 있는 수준
	(역량) – 일반적인 권한 내에서 과업을 수행할 수 있는 수준
	(경력) – 수준3에서 1-4년 정도의 계속 업무 후 도달 가능한 수준
3수준	– 제한된 권한 내에서 해당분야의 기초이론 및 일반지식을 사용하여 다소 복잡한 과업을 수행하는 수준
	(지식기술) – 해당분야의 기초이론 및 일반지식을 사용할 수 있는 수준 – 다소 복잡한 과업을 수행하는 수준
	(역량) – 제한된 권한 내에서 과업을 수행하는 수준
	(경력) – 수준2에서 1-3년 정도의 계속 업무 후 도달 가능한 수준
2수준	– 일반적인 지시 및 감독 하에 해당분야의 일반 지식을 사용하여 절차화되고 일상적인 과업을 수행하는 수준
	(지식기술) – 해당분야의 일반 지식을 사용할 수 있는 수준 – 절차화되고 일상적인 과업을 수행하는 수준
	(역량) – 일반적인 지시 및 감독 하에 과업을 수행하는 수준
	(경력) – 수준1에서 6-12개월 정도의 계속 업무 후 도달 가능한 수준
1수준	– 구체적인 지시 및 철저한 감독 하에 문자이해, 계산능력 등 기초적인 일반지식을 사용하여 단순하고 반복적인 과업을 수행하는 수준
	(지식기술) – 문자이해, 계산능력 등 기초적인 일반 지식을 사용할 수 있는 수준 – 단순하고 반복적인 과업을 수행하는 수준
	(역량) – 구체적인 지시 및 철저한 감독 하에 과업을 수행하는 수준

대 분 류	중 분 류	소 분 류	세 분 류
7. 사회복지·종교	1. 사회복지	1. 사회복지정책	01. 지역사회복지개발
			02. 사회복지기관운영
			03. 공공복지
		2. 사회복지서비스	01. 사회복지프로그램운영
			02. 일상생활기능지원
			03. 사회복지면담
			04. 사회복지사례관리
		3. 직업상담서비스	01. 직업상담
			02. 취업알선
			03. 퇴직지원
		4. 보육	01. 보육
		5. 청소년지도	01. 청소년활동
			02. 청소년상담복지

※ 세분류는 NCS분류체계 전체를 기재하고, 당해 개발분은 음영처리

CHAPTER II

환경분석

1 산업현장 직무능력수준

○ 민간사회복지전달체계 영역에서 근무하고 있는 사회복지서비스 종사자의 직무능력수준은 6단계의 수준에서 나타나고 있음.

<사회복지서비스 종사자의 직무능력수준>

세 분 류 직 능 수 준	01. 사회복지 프로그램운영	02. 일상생활 기능지원	03. 사회복지면담	04. 사회복지 사례관리
Ⅵ (직무경험 : 15년 이상)	프로그램 최고관리자	생활지원 최고관리자	복지면담 최고관리자	사례관리 최고관리자
Ⅴ (직무경험 : 13~15년)	프로그램 선임관리자	생활지원 선임관리자	복지면담 선임관리자	사례관리 선임관리자
Ⅳ (직무경험 : 9~12년)	프로그램 관리자	생활지원 관리자	복지면담 관리자	사례관리 관리자
Ⅲ (직무경험 : 6~8년)	프로그램 전문가	생활지원 전문가	복지면담 전문가	사례관리 전문가
Ⅱ (직무경험 : 3~5년)	프로그램 실무자	생활지원 실무자	복지면담 실무자	사례관리 실무자
Ⅰ (직무경험 : 1~2년)	프로그램 초급실무자	생활지원 초급실무자	복지면담 초급실무자	사례관리 초급실무자

2 사업체 및 종사자 수

○ 사회복지분야는 광범위한 영역에 걸쳐 있고 사회복지정책의 확대에 따라 직무영역이 빠르게 확장하고 있는 중이기 때문에 세분류에 따라 직무를 1:1로 구분할 수 없음
  - 소분류 사회복지서비스와 관련된 영역은 사회복지서비스업과 유사하여 해당영역의 종사자를 표기하였으며,
  - 총 사업체 수는 59,162개소, 총 종사자 수는 452,229명으로 나타나고 있음

<사회복지서비스 종사자의 수>

(기준 : 2013년도, 단위: 명)

소 분 류	세 분 류	관련사업	사업체수	종사자수
2. 사회복지서비스	01. 사회복지프로그램운영	사회복지서비스업 (이용시설)	52,368	356,501
	02. 일상생활기능지원	사회복지서비스업 (생활시설)	6,794	95,728
	03. 사회복지면담	사회복지서비스업 (전체시설)	59,162	452,229
	04. 사회복지사례관리	사회복지서비스업 (전체시설)	59,162	452,229
합　　　　계			59,162	452,229

* 자료 : 2013년 주요업무참고자료, 보건복지부

③ 인력배출 현황

○ 사회복지학과 뿐 아니라, 전문대 이상의 사회복지학과 유사한 관련된 학과에서 법정 교과목을 이수하여 사회복지사 자격증을 취득하는 경우까지 포함하였음
- 사회복지서비스 종사자들은 최근으로 올수록 전문대학와 대학교의 학력 수준을 넘어 대학원 과정 이상의 학력 수준을 갖는 인원이 증가하고 있음
- 다만, 아래표에서는 평생교육이나 사이버교육을 통한 사회복지사 자격증 취득은 제외하였음(아래 표에서는 포함하였음으로 참조바람)

중분류	소분류	학과	교육훈련기관	'10년(명)		'11년(명)		'12년(명)	
				입학	졸업	입학	졸업	입학	졸업
1. 사회복지	01. 사회복지정책 02. 사회복지서비스	사회복지학과	대학원(박사)	675	276	673	252	718	323
			대학원(석사)	5,274	4,269	5,128	4,211	4,662	4,281
			대학	10,242	9,563	10,376	9,641	10,316	9,988
			전문대학	23,536	22,395	21,949	20,734	19,060	20,046
합　계				39,727	36,503	38,126	34,838	34,756	34,638

<사회복지사 자격등급별 현황>

(기준: 2013.12.31, 단위: 명, %)

구분		1급	비율	2급	비율	3급	비율	합계	비율
합계		110,517	17.33	514,345	80.67	12,755	2.00	637,617	100.00
정규 교육 과정	전문대학	4,341	0.68	185,475	29.09	290	0.05	190,106	29.82
	대학교	46,024	7.22	107,420	16.85	188	0.03	153,632	24.09
	대학원	3,937	0.62	15,308	2.40	29	0.00	19,274	3.02
	외국대학	71	0.01	195	0.03	2	0.00	268	0.04
학점 은행	전문대학	5,645	0.89	118,903	18.65	145	0.02	124,693	19.56
	대학교	1,443	0.23	13,698	2.15	1	0.00	15,142	2.37
	시간제	339	0.05	26,975	4.23	1	0.00	27,315	4.28
양성교육2)		141	0.02	1,697	0.27	1,655	0.26	3,493	0.55
기타3)		48,576	7.62	44,674	7.01	10,444	1.64	103,694	16.26

* 출처 : 한국사회복지사협회 내부 자료

④ 직업정보

○ 사회복지서비스 종사자의 특성을 살펴보면 다음과 같음
- 연령은 평균 32.6세이며,
- 임금은 월평균 204.00만원임.
- 그리고 학력은 약 90% 이상이 '대졸 이상'이며, 최근에는 개학원 석사이상의 비율이 매년 증가하고 있음.
- 성비는 여성이 67.0%로 남성(33.0%)에 비해 상대적으로 훨씬 많으며,
- 근속년수는 평균 65.7개월 등으로 분석되고 있음

---

2) 양성교육기관 : 전문대학, 대학교 학력의 양성교육과정 수료자는 사회복지사 자격증 신청 시 전문대학, 대학교 졸업증명서를 제출함에 따라 전문대학, 대학교 건수에 포함될 수 있음
3) 기타 : 고등학교 졸업이하 학력과 학력 미기재 포함

세 분 류		01. 사회복지 프로그램운영	02. 일상생활 기능지원	03. 사회복지면담	04. 사회복지 사례관리
직 업 명		사회복지사	사회복지사	사회복지사	사회복지사
종 사 자 수		59,033명	59,033명	59,033명	59,033명
종 사 현 황	연 령	32.6세	32.6세	32.6세	32.6세
	임 금	월평균 204만원	월평균 204만원	월평균 204만원	월평균 204만원
	학 력	대졸 이상 89%	대졸 이상 89%	대졸 이상 89%	대졸 이상 89%
	성 비	여자 67%, 남자 33%	여자 67%, 남자 33%	여자 67%, 남자 33%	여자 67%, 남자 33%
	근속년수	평균 65.7개월	평균 65.7개월	평균 65.7개월	평균 65.7개월
관 련 자 격		사회복지사 1,2,3급	사회복지사 1,2,3급	사회복지사 1,2,3급	사회복지사 1,2,3급

* 출처 : 2013 사회복지사통계연감, 워크넷 직업정보

① 교육훈련기관 현황

중분류	소분류	학과	교육훈련기관		
			구분	계	교육훈련기관
사회복지	'기재생략'	사회복지학	전문대학	120	가톨릭상지대학교, 강동대학교, 강릉영동대학교, 강원관광대학교, 거제대학교, 경기과학기술대학교, 경남도립거창대학, 경남정보대학교, 경민대학교, 경복대학교 등
			사이버대학교 (2/3년제)	3	세계사이버대학교, 영진사이버대학, 한국복지사이버대학
			대학	158	가야대학교, 가천대학교, 가천의과학대학교, 가톨릭대학교, 강남대학교, 강원대학교, 강원대학교(삼척), 건국대학교(글로컬), 건동대학교, 건양대학교, 경기대학교, 경남과학기술대학교, 경남대학교, 경동대학교, 경북대학교 등
			사이버대학교	17	건양사이버대학교, 경희사이버대학교, 고려사이버대학교, 국제사이버대학교, 글로벌사이버대학교, 대구사이버대학교, 디지털서울문화예술대학교 등
			대학원	369	고려대학교 대학원, 서울대학교 대학원, 전북대학교 대학원, 금강대학교 일반대학원, 성균관대학교 일반대학원 등

* 자료 : 2012 사회복지과목지침서(한국사회복지교육협의회)

※ 사회복지분야와 관련된 학과로는 사회복지학과, 복지행정학과, 재활복지학과 등이 있으며 고등학교와 폴리텍대학을 제외하고 각급 학교에 관련학과가 개설되어 있음

② 관련학과 교과과정

중분류	소분류	학과	교육훈련과정			
			구분	과목	내용	비율
1.사회복지	"기재생략"	사회복지학과	사회복지기초	인간행동과 사회환경	사회복지실천의 기초지식을 형성	3학점 3시간
				사회복지조사론	사회복지실천현장에서 사용되는 다양한 양적, 질적 조사방법론을 학습	3학점 3시간
			사회복지실천	사회복지실천론	전문적인 사회복지실천에 필요한 기본적인 개념과 기본이론 이해	3학점 3시간
				사회복지실천기술론	사회복지실천의 전문성에 대한 이해와 이러한 전문성을 뒷받침하는 주요실천 모델과 개입기술을 습득한다.	3학점 3시간
				지역사회복지론	전문적 지역사회복지실천의 과정에 관한 이론과 기술의 학습에 역점	3학점 3시간
			사회복지정책과 제도	사회복지정책론	사회복지정책이 여타 공공정책과 어떻게 다른 지를 파악, 사회사업실천론과 사회복지정책의 긴밀한 관계성을 이해	3학점 3시간
				사회복지행정론	사회복지행정의 필요성과 발달과정에 대한 이해 및 효과적•효율적 조직관리 및 프로그램관리를 위한 이론과 기술 습득	3학점 3시간
				사회복지법제론	사회복지실천현장에서 사회복지법과 관련법을 적용하는 능력을 배양	3학점 3시간
			법정필수 이수과목	사회복지개론	사회복지의 학문적 연구와 실천에 관한 지식을 개괄적으로 소개	3학점 3시간
				사회복지현장실습	사회복지 실천현장에 실제로 적용하는 현장실습을 통해 전문직의 사명감과 실천능력 배양	3학점 11시간
			법정선택과목	가족복지론	다양화되는 가족을 보는 관점을 정립하고, 다양한 수준의 가족복지 방법들을 소개하며 문제해결능력 함양	3학점 3시간
				교정복지론	비행청소년과 범죄인을 주요 대상으로 하는 교정복지에 관한 이해	3학점 3시간
				노인복지론	노인과 노인복지에 대한 이해를 증진, 노인복지정책과 노인복지실천을 전반적으로 제시	3학점 3시간
				사회문제론	사회문제를 근원적으로 인식할 수 있는 시각과 분석력 배양 및 해결책 모색 탐구	3학점 3시간
				사회보장론	복지국가에서의 사회보장의 위치, 사회보장의 개념과 형태 및 변화과정에 대해 파악	3학점 3시간

				과목명	설명	학점/시간
				사회복지발달사	선행복지국가들의 역사적 경험들을 중심으로 사회복지발달과정 이해 및 현대 복지국가를 이해하여 미래에 대해 전망	3학기 3학점
				사회복지 윤리와 철학	사회복지의 사명과 실천활동에 담겨있는 규범적 측면을 이해하는데 필요한 가치, 윤리이론 및 철학적 지식 학습	3학점 3시간
				사회복지 자료분석론	통계적 자료분석의 기본원리 이해, 통계적 자료분석 방법 습득	3학점 3시간
				사회복지 지도감독론	슈퍼바이저로서의 사회복지사 역할을 이해, 향후 효과적인 슈퍼바이저가 되는데 필요한 지식과 기술 습득	3학점 3시간
				산업복지론	근로자 대상으로 시행하는 국가복지, 기업복지, 근로자 자주복지 및 산업사회복지 방법론 등을 학습	3학점 3시간
				아동복지론	아동복지의 특성과 부모의 역할, 개념과 가치, 아동복지의 역사, 아동의 욕구와 문제, 정책과 제도, 실천방법과 기술을 습득	3학점 3시간
				여성복지론	여성복지 관련 이슈와 쟁점 재조명 및 여성문제에 대한 심층적 이해와 분석을 통해 여성복지실천의 발전적 방향과 전략 모색	3학점 3시간
				의료사회복지론	환자와 가족을 대상으로 질병이나 장애로 인해 발생한 문제를 해결하도록 돕는데 필요한 전문적 지식과 기술, 윤리적 태도 습득	3학점 3시간
				자원봉사론	자원봉사활동을 계획하고 프로그램을 관리에 대해서 개괄적인 이해와 관련 지식 학습	3학점 3시간
				장애인복지론	장애인 복지 핵심 이슈와 과제, 장애인 복지 실천방법과 기술, 한국장애인복지의 실천 과제 등에 대한 이해	3학점 3시간
				정신건강론	다양한 정신건강 문제를 이해하고 정신건강 관련 사회복지실천방법을 학습 및 실천능력 습득	3학점 3시간
				정신보건 사회복지론	정신건강과 정신장애에 대한 기본지식 습득 및 지역사회정신보건사업에 대한 이해를 심화	3학점 3시간
				청소년복지론	현대사회에서 청소년이 직면한 다양한 복지욕구와 청소년문제를 학습	3학점 3시간

				프로그램 개발과 평가	사회복지의 문제해결이나 정책을 실현하기 위한 도구로서의 프로그램 기획, 실행, 평가의 일련의 과정을 이해	3학점 3시간
				학교사회복지론	학교사회복지의 전문적 가치와 이론, 모델, 실천기술들을 습득하여 학생의 인권을 보호하고 복지를 향상시킬 수 있는 전문적 능력 배양	3학점 3시간
			비법정 과목	가족상담 및 가족치료	가족치료의 주요 모델과 실제를 학습	3학점 3시간
				빈곤론	주요 비곤대책들의 유형과 특성, 쟁점에 대한 체계적인 인시과 이해를 제고	3학점 3시간
				복지국가론	복지국가의 개념에 대한 이해, 복지국가의 구조적 특성에 관한 이해, 복지국가의 변화 및 발전에 대한 이해, 복지국가에 대한 다양한 환경요인 이해	3학점 3시간
				사례관리론	개념정의 및 이론적 근거, 가치와 윤리, 사례관리의 발전과정, 모델과 구성요소 소개, 단계별 실천과정, 사례관리자의 역할 학습	3학점 3시간
				다문화사회 복지론	문화적 다양성과 차별에 기반하여 문화적 역량 개념을 이해하고 현재 다문화 관련정책을 검토, 외국의 사례를 살펴본다.	3학점 3시간
				국제사회복지론	국제사회복지의 이론적 탐구, 국제사회복지의 현장탐구, 국제사회복지에 대한 전망과 기여도 정립	3학점 3시간

※ 사회복지분야에는 다양한 학과가 있으나 사회복지사업법에 따른 법정이수과목이 설정되어 있음
 - 법정이수과목은 교육기관 구분과 상관없이 이수해야 하는 특징을 가지고 있음
 - 법정필수이수과목은 인간행동과 사회환경, 사회복지조사론, 사회복지실천론, 사회복지실천기술론, 지역사회복지론, 사회복지정책론, 사회복지행정론, 사회복지법제론, 사회복지개론, 사회복지현장실습이 있고 법정선택과목은 가족복지론, 교정복지론, 노인복지론, 사회문제론, 사회보장론, 사회복지발달사, 사회복지윤리와 철학, 사회복지자료분석론, 사회복지지도감독론, 산업복지론, 아동복지론, 여성복지론, 의료사회복지론, 자원봉사론, 장애인복지론 등이 있음

3 자격 현황 분석

① 국가기술자격 현황

중 분 류	소 분 류	등 급	종 목	취 득 자 수(명)			
				누 계	'00년	'00년	'00년
해당사항 없음							

② 국가자격 현황

중 분 류	소 분 류	종 목	등 급	취 득 자 수(명)			
				누 계	'11년	'12년	'13년
1.사회복지	"기재생략"	사회복지사	1~3급	637,617	69,992	77,723	77,087

* 자료 1 : 2013 사회복지사통계연감(한국사회복지사협회)

※ 앞으로 국가직무능력표준을 기반으로 한 과정평가형 자격제도가 시행될 예정임. 사회복지사 자격은 「사회복지사업법」을 근거로 시행되고 있어, 법령에서 규정해 놓은 법정 필수교과목과 선택교과목을 반드시 이수해야 사회복지사 자격증을 취득할 수 있음. 과정평가형 자격제도가 사회복지사 자격제도와 혼용되어 시행될 경우 서로 다른 자격취득방식을 가지게 될 수 있음으로 사회복지계의 충분한 논의과정을 통해 그 방향을 정할 필요가 있음.

3 공인민간자격 현황

중분류	소분류	종 목(등급)	소관부처	취득자 수(명)			
				누 계	'00년	'00년	'00년
해당사항 없음							

4 해외사례 분석

① 직무능력 구성

□ 사회복지분야의 NCS를 한국보다 먼저 개발한 외국의 사례들, 특히 영국과 호주를 중심으로 비교분석하여 그 분류체계와 직무표준화의 내용을 살펴보고자 함[4]

□ 영국의 사례

○ 영국은 사회사업분야 NOS (National Occupational Standards for social work)는 북아일랜드 사회적 돌봄위원회, 스코틀랜드 사회서비스위원회, 그리고 잉글랜드의 TOPPS (Training Organisation for the Personal Social Services)에 의해서 공동으로 제작되었고, 2002년 3월에 Wales의 돌봄서비스위원회가 동의하였으며 최종적으로 2002년 6월에 자격 및 커리큘럼당국 (QCA)에 의해 승인되었음

○ 영국의 사회사업 국가직무표준(NOS)은 6개의 주요역할(Key Roles)로부터 출발하는데 이 주요역할들은 국제사회복지대학협의회(IASSW)와 국제사회사업가연맹(IFSW)이 제시하는 사회사업의 정의(定義)[5]에 기반하고 있음
- 6개의 주요역할은 21개의 능력단위(units)들로 분화되고, 이들은 다시 74개의 능력단위요소 (elements)로 분화되었고,
- 각각의 능력단위요소 하에는 몇 개의 수행준거들이 제시되었음

〈영국 사회사업분야 NOS 직무표준화체계〉

사회사업의 국제적 정의 (definition)	6개의 주요역할 (Key Roles)	21개의 능력단위 (Units of competence)	74개의 능력단위요소 (Elements)	수행준거 (criteria of performance)

○ 사회사업 직무표준화 체계는 위와 같이 구조화되고, 6개의 key roles와 21개의 능력단위로 제시되었음
- 표준화를 위한 세부적 서술은 능력단위(Unit of competence)별로 작성됨

---

4) 이 부분의 내용은 이기영. 2014. "사회복지분야 국가직무능력표준(NCS) 개발현황의 분석과 논의", 〈한국사회복지교육〉 제27집, pp 154-161을 발췌한 것임.
5) 사회사업직의 국제적 정의는 2014년 7월 IFSW와 IASSW에 의해 승인되었음.

<영국의 사회사업분야 NOS 체계: Key Roles와 능력단위수준>

Key Roles	능력단위 (Unit of Competence)*
1. 클라이언트**의 욕구와 상황에 대한 사정 (assessment)	1. 사회사업 접촉과 개입준비 2. 클라이언트의 고지된 결정돕기 3. 필요조치를 제안하기 위하여 욕구와 선택사정
2. 사회복지실천의 기획, 수행, 검토 및 평가	4. 위기상황 대응 5. 변화와 삶의 질 향상을 위한 클라이언트와 상호작용 6. 클라이언트 및 동료들과 개입계획의 준비, 생성, 수행, 평가 7. 네트웍(network) 개발지원 8. 개별 클라이언트의 성장과 발전, 독립을 촉진하기 위한 집단활동 9. 클라이언트에게 위험한 요소로 작용할 수 있는 행동 조정
3. 개인의 욕구, 관점, 상황표출을 하도록 지지	10. 클라이언트 입장에서 옹호 11. 의사결정포럼 준비와 참여
4. 클라이언트, 워커자신, 동료의 위기를 관리	12. 클라이언트의 위기의 사정과 관리 13. 워커자신과 동료의 위기 사정, 최소화, 관리
5. 조직내 관리 및 책무성 수행(수퍼비젼과 지지)	14. 자신의 업무관리와 책무성 견지하기 15. 자원과 서비스의 관리에 공헌하기 16. 기록과 보고서의 관리, 제시, 공유 17. 다학제, 다중조직적 팀, 네트워크, 시스템내에서 일하기
6. 사회복지실천의 전문적 역량의 증명	18. 현재 최고의 사회복지실천 지식을 분석평가활용 19. 공인된 사회사업 실천기준에 의거한 실천과 자신의 전문성개발 20. 복잡한 윤리적 이슈, 딜레마, 갈등을 관리 21. 최선의 사회복지실천방법 증진에 기여하기

* 영국의 NOS 에서는 'Key Role' 은 한국 NCS의 세분류, 호주 NCS의 'Skill Set' 해당함

** 여기서 말하는 클라이언트는 원문에서의 "individuals, families, carers, groups, and communities"를 필자가 간략 해석한 용어로서, 돌봄서비스제공자(carers)를 포함하고 있음

출처: The National Occupational Standards for Social Work, January 2003.

<영국의 사회사업분야 NOS 체계: 능력단위 수준에서의 서술내용의 예>

능력단위 1 - 사회사업접촉과 개입준비 (Unit 1 - Prepare for social work contact and involvement)	
능력단위요소 (Elements): 1.1 사례노트와 관련문헌검토 1.2 추가정보획득을 위한 타인과의 연결 1.3 최선의 초기개입을 위한 종합된 정보의 평가	
능력단위 설명 (Unit Commentary)	This unit is about the preparation required to make the initial contact effective, useful and meaningful. 이하생략
키워드와 개념설명 (Key words and concepts used specifically within the Unit)	1.1 case notes - refers to case records, reports..... 1.2a Individual, families, cares, groups and communities encompasses the people that a ......
능력범위 (Scope)	To be competent in this unit you demonstrate the ability to: - Work with situations of differing levels of complexity - Work with
연관되는 타 능력단위 (Links with other Units)	This unit links with units 2,3,4,12,13,14,16 and 17
필요지식기반 (Indicative knowledge base)	당신이 일하고 있는 실천영역에서 이해하고 비평적으로 분석하고, 평가하며 적용해야할 지식의 내용 1. 사회사업실천의 법적, 사회적, 경제적, 생태학적 맥락 a. 2. 이 영역의 일을 위해 필요한 사회사업실천의 맥락 3. 가치와 윤리 4. 사회사업이론, 모형, 방법론
수행준거 (To achieve this standard you must...)	1.1 사례노트와 관련문헌검토
	a. 사례노트와 관련정보를 확인하고 수집하기 b. 의뢰의 원천과 본진을 확인하기 위해 정보검토하기...(이하 생략)
	1.2 추가정보획득을 위한 타인과의 연결
	a. 클라이언트 및 조직, 서비스제공자들을 확인, 접촉, 연계하여 클라이언트와의 초기 및 후속접촉에 유용한 정보를 확보하기 b. 자신의 전문적, 윤리적, 반차별적 실천범위 안에서 일하기...(이하 생략)
	1.3 최선의 초기개입을 위한 종합된 정보의 평가
	a. 자신의 배경, 경험, 실천방법 등을 살펴보아 이런 것들이 클라이언트와의 관계에 미칠 영향을 인식하기 b. 자신과 자신이 속한 기관의 역할 및 책무성이 클라이언트와의 관계에 미칠 영향에 대하여 검토하기...(이하 생략)

* 위의 표는 능력단위 1 을 예로서 제시한 것임. 하나의 능력단위에는 다수의 하위 능력단위요소(Element 1.1, 1.2, 1.3 등)들이 존재함. 총 21개의 능력단위별로 위와 같은 패턴으로 제시하고 있음
* 출처: The National Occupational Standards for Social Work, January 2003.

<영국의 GSCC NOS for Social Worker>

중분류	소분류	세분류(직무)	능력단위	능력단위요소
social work	"기재생략"	key role 1.개인, 가족, 간병인, 그룹, 그리고 커뮤니티의 욕구와 환경을 준비	1. 연락과 개입 준비하기	1.1 사례집과 다른 적절한 자료 검토하기
				1.2 처음에 연락과 개입을 확인할 수 있는 추가적인 정보에 접근하기 위해 다른 사람에게 연락을 취하기
				1.3 처음 개입의 가장 유사한 것들에 대한 모든 정보를 평가하기
			2. 영향을 주는 결정을 만드는데 있어서 개인, 가족, 간병인, 그룹 그리고 커뮤니티를 돕기 위해서 함께 일하기	2.1 개인, 가족, 간병인, 그룹 그리고 커뮤니티에게 그들 자신에 관하여, 그리고 조직의 의무와 책임에 대해 알리기
				2.2 정보를 찾고 모으고 분석하고 이해하기 위해서 개인, 가족, 간병인, 그룹 그리고 커뮤니티와 함께 일하기
				2.3 개인, 가족, 간병인, 그룹 그리고 커뮤니티들이 그들의 강점, 기대, 한계를 분석, 탐색, 명확화 그리고 표현할 수 있도록 함께 일하기
				2.4 개인, 가족, 간병인, 그룹 그리고 커뮤니티들의 욕구, 환경, 위험, 선호하는 조건과 자원에 관한 정보가 제공된 결심을 하고 접근할 수 있도록 함께 일하기
			3. 행동방침을 추천하기 위해 욕구와 조건 평가하기	3.1 개인, 가족, 간병인, 그룹 그리고 커뮤니티가 선호하는 조건을 검토하고 평가하기
				3.2 법적인지 그리고 다른 요구 조건이 있는지 욕구, 위험 그리고 조건을 평가하기
				3.3 개인, 가족, 간병인, 그룹 그리고 커뮤니티를 위해 평가하고 매력적인 행동방침을 추천하기
		key role 2. 사회복지실천을 개인, 가족, 간병인, 그룹, 커뮤니티 그리고 다른 전문가들과 함께 계획, 완수, 검토 그리고 평가하기	4. 위기상황 답변하기	4.1 행동에 대한 요구가 긴급한지를 평가하라
				4.2 법적 그리고 절차상 개입이 필요한 욕구인지 확인하라.
				4.3 즉각적인 욕구와 환경을 충족시키기 위해 행동을 계획하고 실행하라
				4.4 개인, 가족, 간병인, 그룹, 커뮤니티, 조직, 전문가 등과 함께 결과를 검토하라
			5. 변화와 발전을 성취하기 위해 그리고 생활 기회를 향상시키기 위해 개인, 가족, 간병인, 그룹 그리고 커뮤니티와 소통하기	5.1 개인, 가족, 간병인, 그룹, 커뮤니티 등과 함께 관계를 유지하고 발전시키기
				5.2 위기상황을 피하고 문제와 갈등을 해결하기 위해서 개인, 가족, 간병인, 그룹, 커뮤니티 등과 함께 일하기
				5.3 삶이 나아지고 변화와 발전을 성취할 수 있는 유용한 사회복지 방법과 모델을 판단하고 적용하기
				5.4 욕구와 환경에 대한 정기적인 관찰, 리뷰 그리고 변화를 평가하기
				5.5 적절하게 관계에 대한 연락과 중단을 줄이기

			6. 개인, 가족, 간병인, 그룹, 커뮤니티 그리고 전문가 동료들과 함께 계획을 준비, 생산, 시행 그리고 평가하기	6.1 계획에서 포함되는 것에 대한 준비를 협상하기
				6.2 컨텐츠와 활동 그리고 계획 작성을 확인하기
				6.3 자신의 책임과 관찰 수행하기, 코디네이트와 계획을 수행하는 다른 사람의 활동을 지원하기
				6.4 관련된 사람들과 함께 계획의 효과성 검토
				6.5 욕구와 환경 변화를 충족할 수 있도록 계획을 변경하고 재교섭하기
			7.가늠된 욕구와 계획된 결과를 충족시키기 위해서 네트워크의 개발을 지원하기	7.1 개인, 가족, 간병인, 그룹, 커뮤니티 그리고 사람들과 함께 접근될 수 있고 개발될 수 있는 네트워크를 지원하는 것을 조사하기
				7.2 개인, 가족, 간병인, 그룹, 커뮤니티 그리고 사람들과 함께 네트워크를 지원하는 것을 지속할 수 있게 작업하기
				7.3 네트워크 지원을 발전시키고 개발하는것에 기여하기
			8.개인의 성장, 개발 그리고 독립을 촉진하기 위해서 그룹으로 활동하기	8.1 그룹을 형성하고 지원하는 기회를 확인하기
				8.2 집단 프로그램, 프로세스 그리고 원동력을 개인의 성장, 발전 그리고 독립을 촉진하기 위해서 그리고 대인관계 스킬을 발전시키기 위해서 사용하기
				8.3 그들 구성을 위한 계획된 결과를 성취하기 위해서 그리고 그들의 업무의 타당성을 평가하기 위해서 그룹을 돕기
				8.4 알맞게 그룹으로부터 분리하기
			9.개인, 가족, 간병인, 그룹 그리고 커뮤니티의 위험을 주는 행동을 다루기	9.1 위기를 주는 행동을 다루기 위해서 즉시 행동하기
				9.2 행동을 촉발시킬 수 있는 상황과 환경을 확인하고 평가하기 위해서 개인, 가족, 간병인, 그룹, 커뮤니티 등과 함께 일하기
				9.3 행동을 긍정적으로 변하게 할 수 있는 지원과 계획안에서 개인, 가족, 간병인, 그룹 그리고 커뮤니티와 일하기
		Key Role 3. 개인의 욕구, 관점 그리고 환경에 대한 지원	10. 개인, 가족, 간병인, 그룹 그리고 커뮤니티를 지지하고 방어하라	10.1 개인, 가족, 간병인, 그룹 그리고 커뮤니티를 지지할지 안할지 가늠하라
				10.2 독립된 지지를 하기 위해 개인, 가족, 간병인, 그룹 그리고 커뮤니티를 도와라
				10.3 개인, 가족, 간병인, 그룹 그리고 커뮤니티를 옹호하고 변호하라
			11. 의사결정 포럼을 준비하고 참여하라	11.1 의사결정 포럼을 위한 보고서를 준비하라
				11.2 의사결정 포럼에 대한 가장 좋은 표현을 선택하기 위해서 개인, 가족, 간병인, 그룹 그리고 커뮤니티와 함께 작업하라
				11.3 의사결정 포럼에 증거를 제시하고 과정과 결과를 이해하기 위해서 개인, 가족, 간병인, 그룹 그리고 커뮤니티를 도와라

			11.4 개인, 가족, 간병인, 그룹 그리고 커뮤니티에게 의사결정 포럼에 포함되어 질 수 있게 하라
Key Role 4. 개인, 가족, 간병인, 그룹, 커뮤니티, 자신 그리고 동료의 위험 관리		12. 개인, 가족, 간병인, 그룹 그리고 커뮤니티의 위험을 가늠하고 관리하라	12.1 위험의 본질을 가늠하고 확인하라
			12.2 개인, 가족, 간병인, 그룹 그리고 커뮤니티의 결합된 위험에 대한 권리와 책임을 균형 잡아라
			12.3 개인, 가족, 간병인, 그룹 그리고 커뮤니티의 위험을 정기적으로 관찰, 재평가, 그리고 관리하라
		13. 자신과 동료의 위험을 가늠하고 최소화, 그리고 관리하라	13.1 개인 그리고 동료의 잠재위험을 가늠하라
			13.2 너 자신과 다른 적절한 조직과 전문가의 관리절차와 위험평가 안에서 일하라
			13.3 스트레스와 위험을 최소화하기 위해서 결과와 행동을 계획하고 관찰하고 검토하라
Key Role 5. 조직안에서 사회복지실천을 위한 슈퍼비전과 지원에 책임감을 갖고 관리하라		14. 자신의 일에 책임감을 갖고 관리하라	14.1 조직의 정책과 우선순위안에서 너의 업무의 우선순위를 정하고 관리하라
			14.2 사회복지실천을 기반으로한 전문적인 지식과 판단에 책임감을 가지고 직무를 수행하라
			14.3 조직의 요구와 개인, 가족, 간병인, 그룹 그리고 커뮤니티의 욕구를 충족시키는 업무에 대한 너의 계획의 효과성을 관찰하고 평가하라
			14.4 전문적이고 관리자적 슈퍼비전을 사용하라 그리고 너의 실천을 입증하기 위해 지원하라
		15. 자원과 서비스 관리에 기여하라	15.1 서비스 구매와 주문과 관련된 절차에 기여하라
			15.2 욕구를 충족시키는 서비스의 효과성 모니터링에 기여하라
			15.3 제공된 서비스의 질의 모니터링에 기여하라 15.4 정보관리에 기여하라
		16. 기록과 보고서를 관리, 제시 그리고 공유하라	16.1 정확하고 완벽한, 접근가능, 그리고 최신의 기록과 보고서를 유지하라
			16.2 판단과 결정을 위한 증거를 제공하라
			16.3 기록과 보고서에 접근하기 위해서 법과 정책의 틀에서 시행하라
			16.4 개인, 가족, 간병인, 그룹 그리고 커뮤니티와 기록을 공유하라
Key Role 6. 사회복지실천에 서 전문적인 능숙함을 입증하라		17. 다양한 규율과 다수의 조직의 팀, 네트워크 그리고 시스템 안에서 일하라	17.1 효과적인 작업 관계를 개발하고 유지하라
			17.2 팀, 네트워크 또는 시스템의 목표, 목적 그리고 수명을 확인하고 동의하는데 기여하라
			17.3 팀, 네트워크 또는 시스템의 효과성을 평가하는데 기여하라
			17.4 관계 안에서의 의견충돌과 갈등을 건설적으로 다루어라.
		18. 조사, 분석, 평가, 그리고 최고의 사회복지 실천 최신 지식의 사용	18.1 법률, 정책 그리고 절차 구조에 대한 지식을 검토하고 업데이트 하라
			18.2 전문적이고 조직의 슈퍼비전을 사용하고 조사, 비판적인 분석을 지원하고 실천기반 지식을

					검토하라
					18.3 너 자신의 실천을 입증하고 발전시키기 위해서 사회복지모델과 방법론 기반의 지식을 시행하라
				19. 사회복지실천의 규범을 따라 일하고 전문성 개발을 보장하라.	19.1 전문가적 판단을 발휘하고 옳음을 보여라
					19.2 결정의 옳음을 보여주기 위해서 전문가적 자기주장을 사용하고 전문가적 사회복지실천, 가치 그리고 윤리성을 유지시켜라
					19.3 원칙과 가치에 기반을 둔 사회복지실천 안에서 일하라
					19.4 슈퍼비전과 지원시스템을 사용하는 행동과 너 자신의 실천에 대해서 비판적으로 생각하라
					19.5 전문가적 발전 욕구를 지속적으로 달성하기 위한 행동을 하기 위해서 슈퍼비전과 지원을 이용하라
				20. 복잡한 윤리적 이슈, 딜레마와 갈등을 관리하라	20.1 당신의 실천행동에 영향을 줄 수 있는 이슈, 딜레마, 그리고 갈등을 확인하고 가늠하라.
					20.2 윤리적 이슈, 딜레마와 갈등을 다룰 수 있도록 전략을 고안하라.
					20.3 결과를 깊이 생각하라.
				21. 최고의 사회복지실천 홍보(promotion)에 기여하라	21.1 정책 검토와 개발에기여하라
					21.2 요구된 기준 아래에 떨어질 수 있는 행동방침을 알리기 위해서 슈퍼비전과 조직적, 전문가적 시스템을 사용하라.
					21.3 팀 발전에 기여할 수 있도록 동료와 함께 일하라

* 자료 : http://www.skillsforcare.org.uk

□ 호주의 사례

○ 호주의 사회복지분야 NCS는 'CHC08 Community Service Training Package Version 4.2' (Community Services and Health Industry Skill Council, 2014) 의 명칭으로 대변되는 직무표준화 내용임
- 호주 교육과학훈련부(Department of Education Science and Training)의 예산지원으로 Community Services and Health Industry Skill Council에 의해서 최초로 1999년 2월에 개발되었고 최근 2013년 10월에 이르기까지 지속적으로 수정·보완 되어 왔는데 주요한 버전의 변환은 2002년과 2008년에 이루어졌음

○ 호주의 사회복지직무영역 분류가 어떻게 변화했는지를 추적해보면(호주 NCS의 'Community Services' 분야가 우리의 사회복지분야에 조응하는 것으로 파악됨) 1999년에 최초로 사회복지 NCS를 완성했을 때는 9개의 skill set(한국 NCS의 세분류에 조응됨)에 300여개의 능력단위로 구성되었고, 2002년 버전에서는 38개의 skill set에 약 400여개의 능력단위로 늘어났

으며, 2008 버전 이후 53개의 skill set에 약 600여개의 능력단위가 분화되어 있음
- Skill Set 이하의 능력단위(unit of competence)가 하나의 카드로 만들어져서 능력단위를 설명하는 내용(description)이 존재하고, 능력단위는 다시 하위 요소(element), 수행준거(performance criteria)들로 피라미드식으로 분화되어 직무체계가 서술됨
- 그리고 이러한 능력단위를 수행하기에 필요한 지식과 기술이 제시됨
- 2008버전 CHC08에 이르기까지 호주 NCS의 능력단위들은 사회복지실천현장과 관련된 다섯 가지 요소들의 조합(combination)에 의해서 추출된 것임을 밝히고 있는데, 그것들은 1) 서비스 유형, 2) 서비스 셋팅, 3) 개입방법의 유형, 4) 클라이언트 프로파일, 5) 규정, 법률, 인증관련요소임

<호주 사회복지 NCS 의 Skill Set 수준의 항목비교: 3 개 버전>

CHC99 (1999년) 9개	CHC02 (2002버전) 38개	CHC08(release 4.2, 2008년) 53개
1. 노인케어 2. 알콜약물 3.아동보호/청소년비행/ 법률지원 4. 자녀지원서비스 5. 지역사회복지 6. 지역주거복지 7. 장애인복지 8. 정신보건(비임상) 9. 청소년복지	▶ 고객 및 클라이언트 서비스 영역 고객서비스 네트워킹 중재서비스 옹호 상담 커뮤니케이션 그룹웍(group work) 주거서비스 정서적 케어/지원 가정폭력문제 등 ▶ 클라이언트 인구집단 영역 노령자 알콜 및 약물관련자 주거문제클라이언트 아동 장애인 정신장애인 요보호아동 청년클라이언트 등 ▶ 지역사회역량구축 영역 지역사회개발 지역사회교육 건강증진	(영어 알파벳 순) 알콜 및 약물업무 서비스제공자지원 기초케어와 위생(2) 경력개발지원 사례관리 만성질병자기관리 지역사회 팀리더십 치매지원(2) 개발 및 인도적지원 장애복지(5) 교육지원 고용서비스(2) 가족지원서비스(2) 재무지식교육 위탁보호 가버넌스 고난도지원 및 케어 노숙자지원 여가 및 레크레이션(2) 문맹퇴치 및 수리교사업무 문학교사업무 정신건강피어집단관리 중재업무 약물지원(medication assistance) 정신건강피어리더십 정신보건업무(2) 중간유년기발달지원 수리(성인)교사업무 구강건강케어(5)

	▶ 조직관리영역	구강건강정보
		지역사회신규관리자 오리엔테이션
	기획, 리더십, 수퍼비전	필라티브(완화)개입(2)
	행정, 정보	목회적 케어
	산업보건 및 안전	도박(gambling)문제
	전문인력 개발검토	서비스질관리
	재무관리	자살사별지원
	품질관리	노동관련서비스
	정책개발 및 연구	가족지원서비스
	거버넌스(스포츠레크레이션 직무군에서	
	빌려온 것)	( )안의 수치는 해당부문에서 복수의
		직무가 존재함을 의미

* 이 표는 호주 국가직무능력표준(NCS)의 개발결과를 제시하는 CHC99, CHC02, CHC08(4.2 release) Community Services Training Pakage의 각각의 결과내용을 담은 인터넷자료(http://training. gov.au/Training/Details)의 내용을 요약·정리한 것임.

<호주 사회복지분야 NCS 2008버전(CHC08) 표준화체계의 예: '알콜 및 약물업무'내 능력단위이하 기술내용>

Skill Set 총 53개	능력단위 (unit of competence) 코드번호 602 까지 존재	이하 서술내용
알콜 및 약물업무	알콜 및 기타 약물부문에서 효과적으로 업무하기 Work effectively in the alcohol and other drugs sector	능력단위요소(element) - 수행준거 - 수행준거 - 수행준거 - 지식, 기술, 태도 능력단위요소(element) - 수행준거 - 수행준거 - 수행준거 - 지식, 기술, 태도
	약물중독자 클라이언트 업무하기 Work with clients who are intoxicated	상기와 동일방식으로 서술
	알콜 및 약물문제 클라이언트 사정하기 Assess needs of clients with alcohol and-or other drugs issues	상기와 동일방식으로 서술
	정신건강세팅에서 효과적으로 업무하기 Work effectively in mental health settings	상기와 동일방식으로 서술

주 * 호주의 NCS에서의 기술세트(skill set)는 영국 NOS 의 Key Roles, 한국의 세분류(직무)에 해당

② 경력개발경로 구성

〈영국의 경력개발경로〉

중 분 류	소 분 류	경 력 개 발 경 로
1. 사회복지	"기재생략"	NQSW → Senior Social Worker → Team Leader → Head of Safeguarding Service *NQSW : Newly Qualified social worker

자료 : http://www.skillsforcare.org.uk

CHAPTER **III**

표준 및 활용패키지

직무명 | 사회복지사례관리 |

직무명 : 사회복지사례관리

1. 직무 개요

1) 직무 정의

사회복지사례관리란 복합적인 문제와 욕구를 스스로 해결하지 못하는 클라이언트의 효율적 문제해결과 역량 강화를 위하여 내적·외적 운영체계를 구축하고, 지역사회 자원을 활용하여 직접·간접 실천을 수행하는 일이다.

2) 능력단위

3) 능력단위별 능력단위요소

분류번호	능력단위(수준)	능력단위요소	수준
0701020401_14v2	사회복지사례관리 외부운영체계 구축(5)	클라이언트 발굴의뢰 체계 개발하기	5
		지역사회 자원연계체계 개발하기	5
		지역사회 자원연계체계 관리하기	5
0701020402_14v2	사회복지사례관리 내부운영체계 구축(6)	사례관리 조직 구성하기	6
		사례관리 지침 만들기	5
		데이터 관리하기	4
		슈퍼비전 체계 만들기	5
		사례관리자 교육체계 만들기	5
0701020403_14v2	사회복지사례관리 인테이크(4)	사례관리 설명하기	3
		클라이언트의 일반적 상황 파악하기	3
		클라이언트의 제시된 욕구 파악하기	3
		클라이언트 선정하기	4
0701020404_14v2	사회복지사례관리 통합적 욕구 사정(5)	클라이언트의 욕구 분석하기	5
		클라이언트 자원정보 분석하기	5
		클라이언트 강점 찾기	5
		클라이언트 장애물 파악하기	5
0701020405_14v2	사회복지사례관리 실행계획 수립(5)	사례관리 목표 수립하기	5
		사례관리 실행계획 전략 수립하기	5
		통합사례회의 실행하기	5
		자원 활용 계획하기	5
		클라이언트와 계약하기	5
0701020406_14v2	사회복지사례관리 직접실천(4)	클라이언트의 내적 장애물 상담하기	3
		클라이언트 긴급상황 개입하기	4
		클라이언트 문제해결 역량 강화하기	3
0701020407_14v2	사회복지사례관리 간접실천(4)	자원 접근성 높이기	3
		자원과 클라이언트의 상호작용 촉진하기	4
		지역사회자원 지원하기	4
0701020408_14v2	사회복지사례관리 평가(5)	사례관리 모니터링하기	5
		목표 달성여부 확인하기	5
		종결상황 점검하기	5
0701020409_14v2	사회복지사례관리 종결(4)	종결보고서 작성하기	4
		사후관리 계획 수립하기	4
		사후관리하기	4

2. 능력단위별 세부내용

분류번호 : 0701020401_14v2	

능력단위 명칭 : 사회복지사례관리 외부운영체계 구축

능력단위 정의 : 사회복지사례관리 외부운영체계 구축이란 사례관리자가 사례관리를 수행하는데 필요한 대상자의 발굴과 의뢰체계, 지역사회 자원연계체계를 구축하는 일이다.

능 력 단 위 요 소	수 행 준 거
0701020401_14v2.1 클라이언트 발굴·의뢰 체계 개발하기	1.1 사례 발굴·의뢰 체계를 조직하기 위한 계획을 수립할 수 있다. 1.2 사례 발굴·의뢰 체계 개발을 위하여 협력기관을 설득할 수 있다. 1.3 사례 발굴·의뢰 체계와 공식적 협약을 체결할 수 있다. 【지식】 ○ 네트워크 이론 ○ 사례관리이론(운영체계 ○ 지역사회 조직이론 ○ 리더십이론 【기술】 ○ 의사소통 기술 ○ 클라이언트 옹호 기술 ○ 문서관리 기술 ○ 자원정보 관리 기술 ○ 프리젠테이션 기술 【태도】 ○ 협력적 태도 ○ 클라이언트 수용 ○ 실무자와의 활발한 관계 형성 ○ 클라이언트 및 자원 옹호
0701020401_14v2.2 지역사회 자원연계 체계 개발하기	2.1 사례관리 대상에게 필요한 자원 목록을 범주별로 정리할 수 있다. 2.2 지역사회자원조사를 통해 가용 자원의 목록을 작성할 수 있다. 2.3 클라이언트의 욕구가 발생되었을 때 즉시 자원 연계와 협력이 이루어질 수 있는 실질적 협약관계를 맺을 수 있다. 【지식】 ○ 자원의 개념과 범주

능력단위요소	수 행 준 거
	○ 네트워크 이론 ○ 문제해결이론 ○ 지역사회 조직 이론 【기술】 ○ 자원정보유지관리기술 ○ 설득과 협상의 기술 ○ 클라이언트 옹호 기술 ○ 모금 기술 ○ 프리젠테이션 기술 【태도】 ○ 지역사회 네트워크에 적극 참여하는 태도 ○ 지역 내에 이미 만들어진 네트워크를 존중하고 참여하는 태도 ○ 자원제공자의 능력을 존중하고 신뢰하는 태도 ○ 자원제공자의 입장과 참여의도를 알아차리고 중요시 여기는 태도 ○ 지역사회 내에서 비공식 자원을 개발하고 역할을 확대하려는 태도
0701020401_14v2.3 지역사회 자원연계 체계 관리하기	3.1 사례관리에 필요한 지역사회의 자원연계 회의 체계를 조직할 수 있다. 3.2 사례관리계획표에 지역사회 자원의 명확한 역할을 규정하고 위임할 수 있다. 3.3 활용 가능한 외부체계와 관련된 자료를 정기적으로 업데이트할 수 있다.
	【지식】 ○ 지역사회조직이론 ○ 네트워크이론 ○ 리더십이론 ○ 의사소통이론 【기술】 ○ 회의진행기술 ○ 중재, 옹호, 갈등조정, 서비스 조정기술 ○ 후원자, 자원봉사자 지원기술 【태도】 ○ 자원을 지원한다는 겸손한 태도 ○ 클라이언트를 위해 일하는 태도 ○ 비밀보장 ○ 자원제공자들을 신뢰하고 전문성을 존중하는 태도 ○ 협력을 통해 얻어진 성과나 이득을 공유하는 태도 ○ 대등한 관계를 유지하고 소통하는 태도

◉ 적용범위 및 작업상황

- 클라이언트 발굴의뢰 체계에서 발굴이란 아웃리치(outreach), 지역주민 제보, 타 기관으로부터 의뢰를 받는 것을 포함하며, 의뢰란 기관 내부 조직간, 외부 타 기관으로 사례관리를 요청하는 것이다.
- 회의체계란 통합사례회의, 사례점검회의 등을 포함하며, 체계를 조직·기획하고 유지하는 것을 의미한다.
- 클라이언트가 발생하면 즉각적 자원연계와 협력이 이루어지도록 지역사회 유관기관과의 네트워크를 구성한다.
- 네트워크를 함에 있어 특정한 사례를 중심으로 관계를 맺는 쌍방향 네트워크를 지향한다.
- 의뢰체계를 개발할 때, 클라이언트의 문제를 강조하기 보다는 클라이언트에 대한 상황을 이해하고 공감할 수 있도록 자원과 연결하여야 한다.

자료 및 관련 서류

- 지역사회 내 유관기관 목록
- 사례회의록
- 기관 간 협력에 관한 협약서
- 지역사회 자원목록

장비 및 도구

- 컴퓨터 및 프린터

재료

- 해당 없음

◉ 평가지침

평가방법

- 평가자는 능력단위 사회복지사례관리 외부운영체계 구축의 수행준거에 제시되어 있는 내용을 평가하기 위해 이론과 실기를 나누어 평가하거나 종합적인 결과물의 평가 등 다양한 평가 방법을 사용할 수 있다.
- 피 평가자의 과정평가 및 결과평가 방법

평 가 방 법	평 가 유 형	
	과 정 평 가	결 과 평 가
A. 포트폴리오	√	√
B. 문제해결 시나리오		
C. 서술형시험		
D. 논술형시험		
E. 사례연구		
F. 평가자 질문		
G. 평가자 체크리스트		√
H. 피평가자 체크리스트		
I. 일지/저널		
J. 역할연기		
K. 구두발표	√	
L. 작업장평가		
M. 기타		

평가시 고려사항

- 수행준거에 제시되어 있는 내용을 성공적으로 수행할 수 있는지를 평가해야 한다.
- 평가자는 다음 사항을 평가해야 한다.
  - 발굴·의뢰체계 및 자원연계체계의 협약 내용
  - 자원정보 유지관리 능력
  - 네트워크 조직 능력

◉ 직업기초능력

순 번	직 업 기 초 능 력	
	주 요 영 역	하 위 영 역
1	의사소통능력	문서이해능력, 문서작성능력, 경청능력, 의사표현능력
2	문제해결능력	사고력, 문제처리능력
3	자원관리능력	시간자원관리능력, 물적자원관리능력, 인적자원관리능력
4	대인관계능력	팀웍능력, 갈등관리능력, 협상능력, 고객서비스능력
5	정보능력	컴퓨터활용능력, 정보처리능력

분류번호 : 0701020402_14v2

능력단위 명칭 : 사회복지사례관리 내부운영체계 구축

능력단위 정의 : 사회복지사례관리 내부운영체계 구축이란 사례관리 전담조직구성, 사례관리 지침, 양식을 개발하여 공유하고, 운영관리 체계를 구축하는 일이다.

능 력 단 위 요 소	수 행 준 거
0701020402_14v2.1 사례관리 조직 구성하기	1.1 사례관리에 대한 조직유형 분석을 통해 조직체계를 구성할 수 있다. 1.2 사례관리업무의 효율적인 진행을 위하여 조직 내 사례관리팀을 구성할 수 있다. 1.3 조직된 사례관리 팀 내부의 역할분장을 할 수 있다. 【지식】 ○ 조직관리 ○ 조직행동론 ○ 네트워크론 ○ 사례관리실천을 위한 매뉴얼 연구보고서 ○ 사례관리 운영체계 ○ 슈퍼비전 체계론 ○ 사회복지조직 인적자원개발론 【기술】 ○ 인사조직관리기술 ○ 조직성과 기술 【태도】 ○ 클라이언트를 돕고자 하는 열망 ○ 합리적 의사 결정 ○ 민주적 태도 ○ 조직구성에 참여하는 구성원 선정에 객관적인 태도
0701020402_14v2.2 사례관리 지침 만들기	2.1 사례관리를 위한 운영규정을 제정·개정할 수 있다. 2.2 조직 내에서 효과적인 사례관리 수행을 위한 매뉴얼을 만들 수 있다. 2.3 조직에서 효과적으로 운영할 수 있는 사례관리 양식을 개발할 수 있다. 【지식】 ○ 기관 내부 규정·지침(사례관리 운영체계 관련 내용) ○ 직무분석

능력단위요소	수 행 준 거
	【기술】 ○ 행정양식 개발 기술 ○ 정보를 요약하여 지침으로 정리하는 기술 **【태도】** ○ 정확성 ○ 체계적 사고 ○ 다양한 욕구와 의견을 수렴하는 태도
0701020402_14v2.3 데이터 관리하기	3.1 사례관리 실천 과정에 따른 제반 문서에 객관적으로 기술할 수 있다. 3.2 사례관리 과정에 활용하기 위하여 지역사회자원을 목록화할 수 있다. 3.3 사례관리에 관련된 개별 파일을 사례유형별로 구분하여 보관할 수 있다.
	【지식】 ○ 개인정보보호법 ○ 사회사업기록(레코딩)에 대한 실천지식 ○ 사회복지시설정보시스템 ○ 지역사회자원에 대한 정보 **【기술】** ○ 면담 기록 기술 ○ 자료분류기술 **【태도】** ○ 객관적 태도 ○ 체계적 사고 ○ 클라이언트의 입장에서 기술하고자 하는 태도 ○ 정확하게 정보를 기록할 수 있는 자세 ○ 사례관리 과정에 중요한 일을 요약해서 기술하는 태도 ○ 환경·개인 상황을 통합적으로 이해하려는 태도
0701020402_14v2.4 슈퍼비전 체계 만들기	4.1 사례관리 과정을 지원할 수 있는 내부·외부 슈퍼비전 체계를 구축할 수 있다. 4.2 사례관리 과정에서 필요한 슈퍼비전을 내부·외부에 요청할 수 있다. 4.3 슈퍼비전의 내용을 체계적으로 기록할 수 있다. 4.4 슈퍼비전의 내용을 사례관리 과정에 적용할 수 있다.
	【지식】 ○ 사회복지지도감독론 ○ 커뮤니케이션 이론

능력단위요소	수 행 준 거
	○ 슈퍼비전론 【기술】 ○ 의사소통 기술 ○ 갈등해소 기술 ○ 거래와 협력 기술 ○ 슈퍼비전 기술 【태도】 ○ 민주적 의사소통의 태도 ○ 사례관리자에 대한 지지적 태도 ○ 슈퍼비전에 대해 수용적·적극적으로 받아들이려는 태도 ○ 객관적인 지침을 활용하여 발전하려는 자세
0701020402_14v2.5 사례관리자 교육체계 만들기	5.1 사례관리의 품질 향상을 위하여 사례관리자에 대한 교육 계획을 수립할 수 있다 5.2 계획에 따라 사례관리자에 대한 교육을 진행할 수 있다. 5.3 교육결과에 대한 평가를 차기 교육에 반영할 수 있다.
	【지식】 ○ 사회복지지도감독론 ○ 인적자원개발이론(교육훈련 관련 이론) 【기술】 ○ 교육프로그램기획기술 ○ 인적자원재교육 기술 ○ 교육계획서 작성기술 ○ 사례관리자의 역량 강화를 위한 코칭 기술 ○ 슈퍼바이지의 특성에 따른 개별화 기술 【태도】 ○ 다양한 교육이론에 대한 개방적 태도 ○ 조직구성원에 대한 애정 ○ 사례관리자에 의해 스스로 학습이 되도록 조력하는 태도 ○ 전문가로서의 정체성을 가질 수 있도록 지지하는 태도

◉ 적용범위 및 작업상황

- 이 능력단위는 효율적 사례관리를 수행할 수 있도록 내부운영체계에서 사례관리 전담조직을 구성하고, 타 프로그램 간의 상호작용을 위한 관련되는 지침, 양식을 개발하여 공유하고, 슈퍼비전·교육훈련·데이터 관리 체계를 구축하는 내부운영체계 구축하는 업무에 적용한다.
- 사례관리를 위한 조직유형 분석이란 사례관리 관련 이론에 입각하여 현재 내부운영체계에 적용하기 위한 조직유형을 분석하는 것을 말한다.
- 역할 분장이란 조직이론에 입각하여 내부운영체계의 구성원의 직무분석을 말한다.
- 내외부 슈퍼비전 체계란 내외부의 슈퍼바이저의 구성과 정기적인 슈퍼비전을 제공할 수 있는 구성 체계를 말한다.
- 현재 사용 중인 양식에 대해 적용가능성을 검토할 수 있다.

자료 및 관련 서류

- 직무분석서
- 사례관리 실천 지침서
- 내부 운영지침 규정
- 사례관리 운영지침 관련 자료
- 사례관리 양식
- 사례관리 과정일지
- 지역사회자원 목록
- 슈퍼비전 내부 운영지침
- 슈퍼비전 과정 기록지
- 사례관리자 교육 계획서

장비 및 도구

- 컴퓨터, 프린터, 인터넷
- 사회복지전산시스템

재료

- 해당없음

◉ 평가지침

- 평가자는 능력단위 사회복지사례관리 내부운영체계 구축의 수행준거에 제시되어 있는 내용을 평가하기 위해 이론과 실기를 나누어 평가하거나 종합적인 결과물의 평가 등 다양한 평가 방법을 사용할 수 있다.
- 피 평가자의 과정평가 및 결과평가 방법

평 가 방 법	평 가 유 형	
	과 정 평 가	결 과 평 가
A. 포트폴리오	√	
B. 문제해결 시나리오	√	
C. 서술형시험		
D. 논술형시험		
E. 사례연구	√	
F. 평가자 질문		
G. 평가자 체크리스트		√
H. 피평가자 체크리스트		√
I. 일지/저널	√	
J. 역할연기		
K. 구두발표		
L. 작업장평가		
M. 기타		

평가시 고려사항

- 수행준거에 제시되어 있는 내용을 성공적으로 수행할 수 있는지를 평가해야 한다.
- 평가자는 다음 사항을 평가해야 한다.
  - 사례관리 조직 분석 능력
  - 구성원에 대한 직무분석 능력
  - 규정·지침에 대한 분석 능력
  - 규정·지침 개정에 필요한 준비과정
  - 행정양식의 운용방법

‒ 과정일지 작성 능력
‒ 사회복지전산시스템 활용 능력

◉ 직업기초능력

순 번	직 업 기 초 능 력	
	주 요 영 역	하 위 영 역
1	의사소통능력	문서이해 능력, 문서작성 능력, 경청능력, 의사표현능력
2	문제해결능력	사고력, 문제처리 능력
3	자기개발능력	자기관리 능력, 경력개발 능력
4	자원관리능력	시간자원관리능력, 물적자원관리능력, 인적자원관리 능력
5	대인관계능력	팀웍능력, 리더십능력, 갈등관리 능력, 협상능력, 고객서비스 능력
6	정보능력	컴퓨터 활용 능력, 정보처리 능력
7	조직이해능력	조직체계이해 능력, 경영이해능력, 업무이해능력

분류번호 : 0701020403_14v2

능력단위 명칭 : 사회복지사례관리 인테이크

능력단위 정의 : 사회복지사례관리 인테이크(intake)란 방문 또는 의뢰체계로부터 요청된 클라이언트와 접촉하여 상황과 제시된 욕구를 파악하고 사례관리의 적합성 여부를 판단하여 사례관리를 설명 후 동의를 얻는 능력이다.

능 력 단 위 요 소	수 행 준 거
0701020403_14v2.1 사례관리 설명하기	1.1 사례관리의 필요성이 있는 클라이언트에게 사례관리의 내용·과정을 설명할 수 있다. 1.2 사례관리 과정 참여로 발생하는 권리와 의무에 대해 안내할 수 있다. 1.3 클라이언트가 사례관리 참여 여부를 결정하도록 지원할 수 있다.
	【지식】 ○ 사례관리의 개념 ○ 클라이언트와의 소통방법 ○ 사회복지실천 관계 이론 ○ 개인정보보호법 【기술】 ○ 사례관리에 대한 정확한 정보 전달능력 ○ 클라이언트 상황에 대한 객관적인 인식기술 ○ 질문기술 【태도】 ○ 클라이언트의 상황에 대하여 편견 없이 이해할 수 있는 자세 ○ 클라이언트의 이해를 돕기 위한 적극적인 정보전달자의 태도 ○ 클라이언트를 돕고자 하는 의지 ○ 클라이언트를 존중하는 태도
0701020403_14v2.2 클라이언트 일반적 상황 파악하기	2.1 사례관리 초기면접지를 활용하여 클라이언트의 상황을 조사할 수 있다. 2.2 클라이언트의 가족력, 가계도를 통해 정보를 수집할 수 있다. 2.3 클라이언트의 생태도를 통해 정보를 수집할 수 있다.
	【지식】 ○ 욕구조사 방법 ○ 국민기초생활보장법 ○ 사회복지사업법 관련 지침

능력단위요소	수 행 준 거
	【기술】 ○ 공감적 의사소통기술 ○ 관계형성기술 ○ 경청·기록정보 분석기술 **【태도】** ○ 클라이언트 중심의 태도 ○ 클라이언트를 돕고자 하는 열망 ○ 수용적인 태도 ○ 비심판적인 태도 ○ 정보의 정확성을 확인하는 태도
0701020403_14v2.3 클라이언트의 제시된 욕구 파악하기	3.1 초기면접 내용을 바탕으로 클라이언트가 가진 문제를 진단할 수 있다. 3.2 초기면접 내용을 바탕으로 클라이언트가 충족하고자 하는 욕구를 진단할 수 있다. 3.3 클라이언트가 가진 문제와 욕구에 따라 우선순위를 분류할 수 있다.
	【지식】 ○ 클라이언트 면접·상담이론 ○ 객관적 사실 표현 능력 **【기술】** ○ 클라이언트의 욕구에 대한 공감기술 ○ 욕구조사기술 ○ 정확한 기록 기술 ○ 관심기울이기 ○ 적극적 경청 **【태도】** ○ 클라이언트의 욕구에 대한 객관적 평가 태도 ○ 클라이언트의 문제와 욕구에 대한 공감 노력 ○ 클라이언트의 제시된 문제 상황 뿐 아니라 불편, 동기, 희망을 함께 알아보려는 태도
0701020403_14v2.4 클라이언트 선정하기	4.1 사례관리 선정 기준표를 활용하여 사례관리자의 종합 의견을 기술할 수 있다. 4.2 사례회의에 상정하여 사례관리 대상 여부를 결정할 수 있다. 4.3 부적합 사례에 대하여 타 기관에 의뢰, 단위 서비스, 부적합판정 사유에 대해 설명할 수 있다.
	【지식】 ○ 사례관리 대상자 선정에 대한 행정절차 ○ 사례관리 개념에 대한 이해

능력단위요소	수 행 준 거
	○ 대상자 선정 지침(기준)
	【기술】
	○ 사례회의운영기술
	○ 판정문 작성기술
	【태도】
	○ 클라이언트 상황에 대하여 올바르게 이해하려는 태도
	○ 적격자에 대한 평가 기준을 준수하려는 태도

◉ 적용범위 및 작업상황

고려사항

- 클라이언트의 권리와 의무는 서비스를 제공받을 수 있는 권리와 사례관리 과정에서 요구되는 협력을 말한다.
- 클라이언트의 객관적인 데이터는 인적사항, 생활상태, 신체상태, 현재 수혜서비스 유무와 내용, 욕구와 문제 등을 포함한다.
- 클라이언트의 우선순위 문제는 사례관리 사정표에서 우선순위화한 가장 시급히 해결돼야 할 것으로 사례관리 자와 클라이언트 상호간에 동의가 이루어진 합의된 목표를 말한다.
- 초기상담은 1회 이상 가능하며, 초기상담 과정에서 확보한 제한된 정보만으로 클라이언트에 대한 인식이나 평가에 치우치지 않아야 한다.
- 클라이언트 선정에 대한 행정절차는 중앙정부 부처와 지방자치 단체, 민간 법인 및 협회, 개별 기관에서 제공하는 운영지침에 근거한다.

자료 및 관련 서류

- 초기 면접지(인테이크지)
- 사례관리 참여 신청서
- 사례관리 참여 동의서
- 대상자 의뢰 관련 공문
- 종합정보기록지
- 상담 관련 자료(방문상담 기록지)
- 주민등록 등본
- 수급자 증명서
- 자원망 지도

장비 및 도구

- 초기 면접지(작성내용)
- 상담 기록지
- 가계도
- 자원망 지도

- 유/무선 도구(전화기, 휴대폰 등)
- 컴퓨터
- 사회복지전산시스템(문서작성 프로그램)

- 해당없음

◉ 평가지침

- 평가자는 능력단위 사회복지사례관리 인테이크의 수행준거에 제시되어 있는 내용을 평가하기 위해 이론과 실기를 나누어 평가하거나 종합적인 결과물의 평가 등 다양한 평가 방법을 사용할 수 있다.
- 피 평가자의 과정평가 및 결과평가 방법

평 가 방 법	평 가 유 형	
	과 정 평 가	결 과 평 가
A. 포트폴리오		√
B. 문제해결 시나리오		
C. 서술형시험		
D. 논술형시험	√	
E. 사례연구		
F. 평가자 질문		√
G. 평가자 체크리스트		√
H. 피평가자 체크리스트	√	
I. 일지/저널	√	
J. 역할연기		
K. 구두발표	√	
L. 작업장평가		
M. 기타(관찰기록 모음)	√	

평가시 고려사항

- 수행준거에 제시되어 있는 내용을 성공적으로 수행할 수 있는지를 평가해야 한다.
- 평가자는 다음 사항을 평가해야 한다.
  - 대상자 발굴과 파악의 정확한 내용 여부와 변경 사항의 수시확인 등 직접적인 노력
  - 대상자 및 타기관단체의 의뢰에 대하여 방문 및 내방 상담 실시 시간
  - 면접 및 자료를 수집하는데 있어 상담 횟수 및 피상담자 인원수
  - 작성된 기록지(물)에 체계적이고 객관적인 표현 작성 유무
  - 클라이언트의 요구 서비스에 대한 정확한 파악과 기관의 제공 가능한 서비스 파악 여부

– 클라이언트에게 빠른 시일 안에 정확한 진행여부 전달 유무
– 클라이언트를 중심으로 가족 및 주변사람들이 말하는 가장 중요하고 정확한 욕구와 시급한 문제 파악여부
– 클라이언트의 면접 기록지 작성 시 객관적인 자료를 토대로 구체적인 내용 수록 여부

◉ 직업기초능력

순 번	직 업 기 초 능 력	
	주 요 영 역	하 위 영 역
1	의사소통능력	문서이해능력, 문서작성능력, 경청능력, 의사표현능력
2	문제해결능력	사고력, 문제처리능력
3	대인관계능력	팀웍능력, 갈등관리능력, 협상능력, 고객서비스능력
4	정보능력	컴퓨터활용능력, 정보처리능력
5	직업윤리	근로윤리, 공동체윤리

분류번호 : 0701020404_14v2

능력단위 명칭 : 사회복지사례관리 통합적 욕구 사정

능력단위 정의 : 사회복지사례관리 통합적 욕구 사정이란 클라이언트와 함께 욕구상황을 통찰하고 클라이언트의 자원 접근의 장애물을 파악하며, 해결하기 위한 내적·외적자원 정보를 수집·분석하는 일이다.

능 력 단 위 요 소	수 행 준 거
0701020404_14v2.1 클라이언트 욕구 분석하기	1.1 질적, 양적 사례관리 사정도구를 활용하여 클라이언트가 중요하게 생각하는 욕구를 조사할 수 있다. 1.2 클라이언트의 가족체계와 환경의 이해를 위하여 문화적 다양성을 고려해야 하며, 사정 도구를 활용하여 욕구 목록을 작성할 수 있다. 1.3 클라이언트의 신체적, 심리적, 사회적, 경제적, 사회관계적 욕구의 우선순위를 정할 수 있다. 【지식】 ○ 가족체계이론 ○ 심리사회역동모델 ○ 상담이론 ○ 심층면접이론 【기술】 ○ 가족력, 생태도, 사회적지지망 척도 활용 능력 ○ 객관적 정보(공적정보, 의료, 법률 등) 수집기술 ○ 클라이언트의 욕구 수준 체계적 분석 능력 ○ 문서작성능력 【태도】 ○ 클라이언트의 표출된 욕구에 대해 경청, 공감하는 태도 ○ 클라이언트와 관련된 유의미한 제 3자와의 면담을 시도하려는 태도 ○ 클라이언트가 자신의 정보를 표현할 때 편안함을 느낄 수 있도록 돕는 비심판적 태도
0701020404_14v2.2 클라이언트 자원정보 분석하기	2.1 클라이언트가 문제해결을 위해 사용하는 공식적·비공식적 자원의 목록을 만들 수 있다. 2.2 클라이언트의 욕구를 해결하는 데 필요한 비공식적 자원과 지역사회 자원을 파악하여 자원계획을 수립할 수 있다. 2.3 클라이언트와 외부자원을 서로 연결, 협상, 옹호해 줄 수 있다. 【지식】 ○ 지역사회 네트워크 이론

능력단위요소	수 행 준 거
	○ 사례관리 간접서비스 전략 지식 : 중계, 연결, 조정, 옹호, 협동전략 【기술】 ○ 클라이언트가 사용한 정보를 조직화하는 능력 ○ 지역사회 자원분석 및 자원목록 작성능력 ○ 사회적 네트워크 협상기술 【태도】 ○ 클라이언트가 욕구해결을 위해 현재까지 노력해 온 과정을 지지하는 태도 ○ 자원계획 수립에 클라이언트의 참여를 권유하는 태도 ○ 클라이언트의 자기결정권을 존중하는 태도
0701020404_14v2.3 클라이언트 강점찾기	3.1 클라이언트의 공식적, 비공식적 관계에서 사용된 성공적 경험을 욕구사정지에 서술할 수 있다. 3.2 사례관리자가 파악한 클라이언트의 긍정적 요소를 목록화 할 수 있다. 3.3 클라이언트와 사례관리자 간에 합의한 강점을 목록화 할 수 있다. 【지식】 ○ 역량강화이론 ○ 강점관점 해결중심 치료 【기술】 ○ 강점관점 상담 개입 기술 ○ 가족강점척도, 임파워먼트 척도 활용 능력 ○ 상담기록 작성 능력 【태도】 ○ 클라이언트의 강점 인정 ○ 수용하는 태도 ○ 클라이언트에 대한 지지
0701020404_14v2.4 클라이언트 장애물 파악하기	4.1 문제해결을 위한 자원과의 관계를 방해하는 클라이언트의 태도를 조사할 수 있다. 4.2 문제해결을 위한 자원과의 관계를 방해하는 외부적 환경 요인을 조사할 수 있다. 4.3 클라이언트와 외부환경과의 상호관계에서의 장애물을 조사할 수 있다. 【지식】 ○ 개인 심리역동 분석 ○ 클라이언트의 태도에 대한 반향적 사고(reflective thinking) ○ 지역사회 자원체계에 대한 정보 【기술】

능 력 단 위 요 소	수 행 준 거
	○ 강점관점 상담 개입 기술
	○ 가족강점척도, 임파워먼트 척도 활용 능력
	○ 상담기록 작성 능력
	【태도】
	○ 수용하는 태도
	○ 변화 가능성을 지지하는 태도

◉ 적용범위 및 작업상황

고려사항

- 통합적 욕구사정은 초기면접과정을 통해서 축적된 정보를 바탕으로 클라이언트 욕구, 심리적·사회적·경제적 상황, 클라이언트의 강점, 자원 등을 포괄적이고 체계적으로 사정하는 과정을 포함한다.
- 클라이언트의 욕구 목록 작성을 위하여 활용할 수 있는 사정 도구로는 가족력, 가계도, 생태도, 사회적 지지망 등을 포함한다.
- 클라이언트 자원정보란 클라이언트의 문제해결을 위해 필요한 공식적, 비공식적 자원을 의미하며, 클라이언트가 현재 활용하고 있는 것과 활용하고 있지 않은 것을 모두 포함한다.
- 클라이언트 욕구는 사례관리자가 중요하게 생각하는 욕구가 아니라 클라이언트가 중요하게 생각하고 해결하고자 하는 것을 말한다.
- 자원은 내부자원과 외부자원으로 나눌 수 있다. 내부자원은 클라이언트의 개인적 장점과 가족의 지지 등을 포함하며, 외부자원은 기관, 조직, 전문가들을 포함한 공식적 자원과 친척, 친구, 이웃, 자원봉사자 등을 포함한 비공식적 자원을 말한다.
- 장애물은 클라이언트가 자원과의 관계를 방해하거나 형성하지 못하도록 막는 것을 말한다. 외부장애물은 클라이언트가 필요한 자원을 이용할 수 없도록 만드는 클라이언트 환경에서 나타나는 결핍을 말한다. 내부장애물은 클라이언트가 자원을 효과적으로 얻고 사용하는 것을 막는 태도, 신념, 가치관을 말한다.

자료 및 관련 서류

- 사정기록지
- 가계도, 생태도, 가족사회관계망 자료
- 자원목록 기록지
- 사례관리 지침서

장비 및 도구

- 컴퓨터 및 프린터

재료

- 해당없음

◉ 평가지침

• 평가자는 능력단위 사회복지사례관리 통합적 욕구사정의 수행준거에 제시되어 있는 내용을 평가하기 위해 이론과 실기를 나누어 평가하거나 종합적인 결과물의 평가 등 다양한 평가 방법을 사용할 수 있다.
• 피 평가자의 과정평가 및 결과평가 방법

평 가 방 법	평 가 유 형	
	과 정 평 가	결 과 평 가
A. 포트폴리오		
B. 문제해결 시나리오		
C. 서술형시험		
D. 논술형시험		
E. 사례연구	√	√
F. 평가자 질문	√	√
G. 평가자 체크리스트		√
H. 피평가자 체크리스트	√	√
I. 일지/저널	√	√
J. 역할연기		
K. 구두발표	√	
L. 작업장평가		
M. 기타		

평가시 고려사항

• 수행준거에 제시되어 있는 내용을 성공적으로 수행할 수 있는지를 평가해야 한다.
• 평가자는 다음 사항을 평가해야 한다.
  – 클라이언트 욕구에 기초한 심리, 정서, 경제적 욕구를 포괄적이고 체계적으로 파악한 노력
  – 생태도, 가계도, 사회적 관계망 등을 이해하고 적절하게 적용한 여부
  – 클라이언트의 공식적, 비공식적 자원과의 연계, 협력 여부
  – 클라이언트의 내적 장애물을 해결하고자 적용된 강점접근 사회복지실천 노력

◉ 직업기초능력

순 번	직 업 기 초 능 력	
	주 요 영 역	하 위 영 역
1	의사소통능력	문서이해능력, 문서작성능력, 경청능력, 의사표현능력
2	문제해결능력	사고력, 문제처리능력
3	자원관리능력	시간자원관리능력, 물적자원관리능력, 인적자원관리능력
4	대인관계능력	팀웍능력, 갈등관리능력, 협상능력, 고객서비스능력
5	직업윤리	근로윤리, 공동체윤리

분류번호 : 0701020405_14v2

능력단위 명칭 : 사회복지사례관리 실행계획 수립

능력단위 정의 : 사회복지사례관리 실행계획 수립이란 클라이언트와 함께 사정내용을 근거로 클라이언트에게 필요한 자원을 설득하고, 통합사례회의를 개최하여 실행계획을 구체화하는 능력이다.

능 력 단 위 요 소	수 행 준 거
0701020405_14v2.1 사례관리 목표 수립하기	1.1 클라이언트의 우선순위에 있는 욕구해결과정에 필요한 다양한 정보를 수집할 수 있다. 1.2 수집된 정보와 클라이언트가 원하는 결과를 바탕으로 욕구해결의 방법을 계획할 수 있다. 1.3 클라이언트에게 욕구해결의 계획을 설명하고, 합의를 바탕으로 사례관리 목표를 수립할 수 있다. 【지식】 ○ 문제해결모델 ○ 강점관점 이론 ○ 역량강화(empowerment) 이론 【기술】 ○ 목적, 목표 작성기술 ○ 정보수집 기술 【태도】 ○ 클라이언트의 욕구를 존중하는 태도 ○ 클라이언트와 협력하는 태도 ○ 변화지향적인 목표를 세우려는 자세
0701020405_14v2.2 사례관리 실행계획 전략수립하기	2.1 사례관리 목표를 실행하기 위해 다양한 인적, 물적 자원에 대한 정보를 수집할 수 있다. 2.2 수집된 정보를 바탕으로 욕구해결과정에 필요한 자원, 실천 방법을 목록화 할 수 있다. 2.3 목록화된 내용을 활용하여 클라이언트와 함께 욕구해결의 우선순위를 결정할 수 있다. 2.4 욕구해결 전략분석을 통하여 실행계획서를 작성할 수 있다. 【지식】 ○ 정보분석방법 ○ 전략분석에 관한 지식 【기술】 ○ 자원파악 및 목록 작성기술 ○ 목표에 따른 해결방안 계획서 작성기술

능력단위요소	수 행 준 거
	○ 다양한 전략수립을 위한 창의적 사고기술 ○ 전략적 시간관리 기술 【태도】 ○ 클라이언트 중심의 사고 ○ 클라이언트와 목표를 달성하려는 의지 ○ 클라이언트가 참여의지가 있는 목표를 수립할 수 있도록 지원하는 태도 ○ 클라이언트와 협력하는 태도 ○ 구체적인 목표수립을 위해 조력하는 태도
0701020405_14v2.3 통합사례회의 실행하기	3.1 사례회의에 필요한 회의 자료를 작성할 수 있다. 3.2 사례관리팀과 관련 협력팀 간의 일정을 조정하여 사례회의를 개최할 수 있다. 3.3 인테이크와 욕구사정과정에서 수집된 정보를 기반으로 클라이언트의 상황을 자원들에게 이해하도록 설명할 수 있다. 3.4 클라이언트의 욕구 해결 방안을 모색하고 자원들이 역할을 분담할 수 있도록 조정하여 결과보고서를 작성할 수 있다.
	【지식】 ○ 문제해결방법론 ○ 회의진행에 대한 실천지식 【기술】 ○ 회의진행기술 ○ 토론 진행기술 ○ 코디네이터 기술 【태도】 ○ 토론과정에 나온 의견들에 대해 경청하는 태도 ○ 토론 주제에 대해 신뢰있게 전달하고 토론하려는 자세 ○ 토론과정을 중립적으로 수용하고 이끌어가는 태도
0701020405_14v2.4 자원 활용 계획하기	4.1 클라이언트의 욕구해결을 위한 필요한 자원을 목록화할 수 있다. 4.2 목록화된 자원을 중심으로 클라이언트에게 필요한 자원활용 방법을 분석할 수 있다. 4.3 분석된 자원활용 방법을 근거로 하여 클라이언트 문제욕구 과정에 필요한 자원을 설득하여 참여하도록 할 수 있다.
	【지식】 ○ 자원을 설득하는 의사소통에 관한 지식 ○ 지역사회자원분석에 관한 지식 【기술】

능력단위요소	수 행 준 거
	○ 자원의 필요성에 대한 설득력 있는 브리핑기술 ○ 객관적인 데이터 분석의 기술 ○ 신뢰감을 줄 수 있는 의사소통기술 【태도】 ○ 자원들의 자발적인 참여를 유도하는 자세 ○ 자원들의 필요성에 대해 적극적으로 상황을 알리는 태도 ○ 신뢰감 있고 수용적인 태도
0701020405_14v2.5 클라이언트와 계약하기	5.1 클라이언트와 함께 해결해야 할 욕구에 대한 사례관리 실행계획을 확정할 수 있다. 5.2 확정된 사례관리 실행계획에 대한 계약의 의미를 설명하고 동의를 얻을 수 있다. 5.3 클라이언트의 동의를 얻은 사례관리 실행계획에 대한 계약서를 작성할 수 있다.
	【지식】 ○ 목표수립과 관련된 사회복지모델에 관한 지식 ○ 강점관점의 상담기술 ○ 개인정보활용동의에 관한 지식 【기술】 ○ 계약서 작성기술 ○ 경청, 지지, 격려의 기술 【태도】 ○ 클라이언트가 참여의지가 있는 목표를 수립할 수 있도록 지원하는 태도 ○ 구체적인 목표수립을 위해 조력하는 태도 ○ 클라이언트의 동의를 전제로 작성하려는 자세

◉ 적용범위 및 작업상황

고려사항

- 이 능력단위는 사례관리자와 클라이언트가 합의된 목표, 계약서를 작성하는 것을 원칙으로 한다.
- 이 능력단위를 실행하는 과정에서는 다양한 정보를 클라이언트에게 설명하고, 클라이언트의 선택과 의견이 반영되도록 실행계획을 수립하는 것이다.
- 이 능력단위에서의 통합사례회의란 사례관리팀을 중심으로 하는 기관내부의 관련팀 간의 사례회의와 기관외부의 전문가(관련 기관 실무자)와의 사례회의를 모두 포함한다.

자료 및 관련 서류

- 사례관리운영매뉴얼
- 사례관리세부지침서(사례에 필요한 세부운영지침)
- 인테이크 자료
- 사례관리관련 각종양식(사례관리 목표계획서, 사례관리 계약서, 자원목록대장, 사례회의록 등)
- 개인정보활용동 동의서

장비 및 도구

- 컴퓨터 및 프린터
- 상담실
- 사례관리 파일

재료

- 해당없음

◉ 평가지침

평가방법

- 평가자는 능력단위 사회복지사례관리 실행계획 수립의 수행준거에 제시되어 있는 내용을 평가하기 위해 이론 과 실기를 나누어 평가하거나 종합적인 결과물의 평가 등 다양한 평가 방법을 사용할 수 있다.
- 피 평가자의 과정평가 및 결과평가 방법

평 가 방 법	평가유형	
	과 정 평 가	결 과 평 가
A. 포트폴리오		
B. 문제해결 시나리오	√	
C. 서술형시험	√	
D. 논술형시험	√	
E. 사례연구		
F. 평가자 질문		
G. 평가자 체크리스트		√
H. 피평가자 체크리스트		√
I. 일지/저널	√	
J. 역할연기		
K. 구두발표		
L. 작업장평가		
M. 기타		

평가시 고려사항

- 수행준거에 제시되어 있는 내용을 성공적으로 수행할 수 있는지를 평가해야 한다.
- 평가자는 다음 사항을 평가해야 한다.
  - 사례관리 계획을 수립하는 과정에서 반드시 클라이언트와 합의되었는가를 평가
  - 사례관리 과정에 사용되어질 수 있는 클라이언트의 정보에 대한 설명, 동의를 하였는가를 평가
  - 실행계획 수립시 자원 활용을 충분히 하였는가를 평가
  - 클라이언트가 사례관리 실행계획에 참여할 수 있는 계획수립이 이루어졌는지를 평가

◉ 직업기초능력

순 번	직 업 기 초 능 력	
	주 요 영 역	하 위 영 역
1	의사소통능력	문서이해능력, 문서작성능력, 경청능력, 의사표현능력
2	문제해결능력	사고력, 문제처리능력
3	자원관리능력	시간자원관리능력, 물적자원관리능력, 인적자원관리능력
4	대인관계능력	팀웍능력, 갈등관리능력, 협상능력, 고객서비스능력
5	정보능력	컴퓨터활용능력, 정보처리능력

분류번호 : 0701020406_14v2
능력단위 명칭 : 사회복지사례관리 직접실천
능력단위 정의 : 사회복지사례관리 직접실천이란 가정방문, 상담, 집단 활동을 통하여 사례관리자가 클라이언트의 내적 장애물을 상담, 긴급 상황 개입, 교육·정보제공, 지지를 함으로써 클라이언트의 문제해결 역량을 강화하는 능력이다.

능력단위요소	수 행 준 거
0701020406_14v2.1 클라이언트의 내적 장애물 상담하기	1.1 모니터링을 통해 클라이언트의 문제해결에 장애가 되는 개인 심리 내적 요인을 파악할 수 있다. 1.2 발견된 내적장애물이 어떤 영향을 미치고 있는지 통찰하도록 돕는다. 1.3 분석된 내용을 근거로 클라이언트와 해결방안을 함께 합의하여 결정할 수 있다. 1.4 합의된 해결방안에 따라 지속적 가정방문, 정기적 만남을 통한 상담, 집단가족활동을 진행할 수 있다. 【지식】 ○ 문제해결방법론 ○ 과제중심 이론 ○ 정신분석 이론 ○ 심리사회모델 ○ 가계도 탐색 ○ 해결중심 가족치료 이론 ○ 집단대상 실천 이론 【기술】 ○ 정보 수집 기술 ○ 상담기술 ○ 문제해결기술 ○ 프로그램 진행기술 【태도】 ○ 클라이언트를 신뢰하고 지지하는 태도 ○ 클라이언트 스스로 성공경험을 할 수 있도록 지지하고 지원하는 태도 ○ 가족 간의 관계와 의사소통을 긍정적으로 이해하는 태도 ○ 작은 변화에도 민감하게 반응하고 공감하는 태도
0701020406_14v2.2 클라이언트 긴급상황 개입 하기	2.1 클라이언트의 위기상황에 대한 객관적 정보를 수집하여 신속하게 사정할 수 있다. 2.2 필요에 따라 위기상황 해결을 위한 긴급 솔루션회의를 개최할 수 있다.

능력단위요소	수 행 준 거
	2.3 긴급한 상황 대처에 따른 적절한 기관의 정보를 활용하여 신속한 자원배치를 할 수 있다.
	【지식】 ○ 위기개입이론 ○ 자원네트워크 【기술】 ○ 응급처치 기술 ○ 응급상황 발견 시 대처 기술 ○ 지역복지 정보 연계 기술 ○ 상황보고에 대한 기록기술 【태도】 ○ 위기상황에 대처하는 침착한 태도 ○ 클라이언트 상황에 대한 공감적 태도 ○ 지역자원과 협력하는 태도
0701020406_14v2.3 클라이언트 문제해결 역량 강화하기	3.1 클라이언트의 문제해결을 위해 다양한 정보제공을 할 수 있다. 3.2 클라이언트에게 직접적으로 교육할 필요가 있을 경우 교육과정을 개발진행평가 할 수 있다. 3.3 클라이언트가 문제해결 과정에서 스스로 강점을 발견하고 자신감을 얻을 수 있도록 지지할 수 있다. 3.4 클라이언트의 강점을 문제해결의 내적자원으로 활용할 수 있다.
	【지식】 ○ 문제해결방법론 ○ 강점관점 이론 ○ 동기강화 이론 ○ 교육과정개발론 【기술】 ○ 자료 수집 기술 ○ 코칭 기술 ○ 강점관점 상담기술 ○ 의사소통기술 【태도】 ○ 클라이언트의 변화가능성에 대한 확고한 믿음 ○ 클라이언트의 실패를 두려워하지 않는 자세 ○ 전문적이고 신뢰를 받을 수 있는 교육자적 태도

◉ 적용범위 및 작업상황

- 이 능력단위는 서비스 계약에 근거하여 일련의 상담 및, 서비스 제공, 긴급상황 개입을 통한 문제해결과정에 적용된다.
- 클라이언트 내적 장애물은 클라이언트가 가지고 있는 잘못된 신념이나 행동패턴으로 비관주의, 운명론, 냉소 등이 포함된다.
- 사례관리자가 긴급상황에서 경험한 트라우마를 해소할 수 있는 적절한 대응 방법이 필요하다.
- 사례관리 계획서에 근거한 목표를 중심으로 상담, 집단활동, 가족활동을 진행하여 클라이언트의 역량강화에 초점을 둘 수 있도록 한다.
- 클라이언트의 긴급상황 발생 시 다양한 자원에 대한 정보를 사전에 습득하여 지원의 신속성을 높일 수 있도록 한다.
- 직접실천에 따른 과정기록을 통해 변화를 파악할 수 있도록 한다.

자료 및 관련 서류

- 대상자 인테이크지
- 사례관리 사정표
- 사례관리 계획
- 상담일지
- 집단진행일지

장비 및 도구

- 컴퓨터
- 사진기
- 전화기
- 상담실
- 녹음기
- 기관 및 지역사회 내 자원 목록표

재료

- 해당없음

◉ 평가지침

- 평가자는 능력단위 사례관리 직접실천의 수행준거에 제시되어 있는 내용을 평가하기 위해 이론과 실기를 나누어 평가하거나 종합적인 결과물의 평가 등 다양한 평가 방법을 사용할 수 있다.
- 피 평가자의 과정평가 및 결과평가 방법

평 가 방 법	평 가 유 형	
	과 정 평 가	결 과 평 가
A. 포트폴리오		√
B. 문제해결 시나리오		
C. 서술형시험		
D. 논술형시험		
E. 사례연구	√	√
F. 평가자 질문		
G. 평가자 체크리스트		
H. 피평가자 체크리스트		
I. 일지/저널	√	√
J. 역할연기		
K. 구두발표		
L. 작업장평가		
M. 기타		

평가시 고려사항

- 수행준거에 제시되어 있는 내용을 성공적으로 수행할 수 있는지를 평가해야 한다.
- 평가자는 다음 사항을 평가해야 한다.
  - 클라이언트의 문제 감소
  - 위기의 해결
  - 클라이언트 만족도
  - 클라이언트 지지체계 강화

◉ 직업기초능력

순 번	직 업 기 초 능 력	
	주 요 영 역	하 위 영 역
1	의사소통능력	문서이해능력, 문서작성능력, 경청능력, 의사표현능력
2	문제해결능력	사고력, 문제처리능력
3	자원관리능력	시간자원관리능력, 물적자원관리능력, 인적자원관리능력
4	대인관계능력	팀웍능력, 갈등관리능력, 협상능력, 고객서비스능력
5	기술능력	기술이해능력, 기술선택능력, 기술석용능력

분류번호 : 0701020407_14v2

능력단위 명칭 : 사회복지사례관리 간접실천

능력단위 정의 : 사회복지사례관리 간접실천이란 클라이언트의 자원 접근성을 높이고 자원과 클라이언트 간의 상호작용이 원활하도록 사례관리자가 중개·의뢰·조정·옹호·점검하며 자원을 지원하는 능력이다.

능 력 단 위 요 소	수 행 준 거
0701020407_14v2.1 자원 접근성 높이기	1.1 클라이언트의 욕구에 기반하여 지역사회 내 잠재된 인적·물적 자원을 온·오프라인을 통해 발굴할 수 있다. 1.2 발굴된 자료를 기반으로 활용 가능한 자원 목록을 작성할 수 있다. 1.3 클라이언트와 협의 하에 의뢰서를 작성하여 해당 자원에 연계할 수 있다. 【지식】 ○ 개인정보보호법 ○ 사회복지법인 및 사회복지시설 재무회계규칙(후원금품 관련 조항) ○ 기관 내부 규정·지침(인적·물적 자원 관련 내용) ○ 지역사회자원개발 【기술】 ○ 자원 관련 자료 수집 기술 ○ 의뢰서 작성기술 ○ 프리젠테이션 능력 ○ 설득과 협상 기술 ○ 대인관계 기술 【태도】 ○ 지역사회에 대한 이해 노력 ○ 지역 내 자원들의 발굴 가능한 자원을 발견하려는 노력 ○ 클라이언트에 대한 이해 노력 ○ 클라이언트에게 다양한 정보를 제공하려는 노력 ○ 적극적으로 자원을 발굴하고 연계하려는 의지
0701020407_14v2.2 자원과 클라이언트의 상호 작용 촉진하기	2.1 클라이언트에게 지원되는 자원, 서비스 제공 빈도가 높은 자원과 협약서를 체결할 수 있다. 2.2 지원 내용의 적절성, 자원 참여의 지속성을 유지하기 위하여 정기적으로 모니터링 할 수 있다. 2.3 클라이언트 욕구 중심의 서비스를 지원하기 위해 클라이언트와의 협의 하에 자원의 내용과 제공 수준을 조정할 수 있다.

능력단위요소	수 행 준 거
	【지식】 ○ 개인정보보호법 ○ 사회복지법인 및 사회복지시설 재무회계규칙(후원금품 관련 조항) ○ 기관 내부 규정·지침(인적·물적 자원 관련 내용) ○ 지역사회자원개발 ○ 네트워크 이론 **【기술】** ○ 협약서 작성 기술 ○ 클라이언트 옹호 기술 ○ 자원과 클라이언트의 중재 기술 ○ 모니터링 기술 ○ 조정 기술 **【태도】** ○ 클라이언트 중심으로 사고하는 태도 ○ 유연하게 사고하려는 태도 ○ 클라이언트를 옹호하려는 태도 ○ 자원과 클라이언트의 지속적인 참여를 이끌어내려는 노력 ○ 자원체계와 클라이언트에 대해 지속적인 관심을 가지려는 태도
0701020407_14v2.3 지역사회자원 지원하기	3.1 클라이언트에 대한 정보를 제공함으로써 자원의 서비스 역량을 강화할 수 있다. 3.2 정기적인 교육·간담회를 실시하여 자원들의 협력동기부여, 의사소통의 기회를 제공할 수 있다. 3.3 문제해결 과정에서 발생하는 어려움에 대한 대안을 마련할 수 있다. **【지식】** ○ 고객관리 이론 ○ 네트워크 이론 ○ 역량강화 이론 ○ 개인정보보호법 ○ 기관 내부 규정·지침 **【기술】** ○ 교육과정 개발 기술 ○ 조직화 기술 ○ 동기부여 기술 **【태도】** ○ 자원체계에 대한 이해 ○ 자원 참여의 지속성을 이끌어내기 위해 노력하는 자세

능력단위요소	수 행 준 거
	ㅇ 클라이언트 중심의 지지체계를 형성하려는 의지 ㅇ 다양한 의견을 수렴하고자 하는 태도

◉ 적용범위 및 작업상황

고려사항

- 이 능력단위는 클라이언트 욕구 중심의 서비스 제공을 위한 자원 개발·연계·관리 업무에 적용한다.
- 여기서 '욕구'라 함은 클라이언트가 제시하거나 표출되어진 '문제'의 개념과는 구별된다.
- 클라이언트 중심의 조직화란 클라이언트 욕구중심에 따른 공식적·비공식적 네트워크 체계 구축을 말한다.

자료 및 관련 서류

- 자원 목록표
- 자원협약서
- 자원관리일지
- 클라이언트 의뢰서
- 모니터링 일지
- 교육·간담회 일지

장비 및 도구

- 컴퓨터, 프린터
- 빔프로젝터
- 프리젠테이션 프로그램

재료

- 해당없음

◉ 평가지침

- 평가자는 능력단위 사회복지사례관리 간접실천의 수행준거에 제시되어 있는 내용을 평가하기 위해 이론과 실기를 나누어 평가하거나 종합적인 결과물의 평가 등 다양한 평가 방법을 사용할 수 있다.
- 피 평가자의 과정평가 및 결과평가 방법

평 가 방 법	평 가 유 형	
	과 정 평 가	결 과 평 가
A. 포트폴리오		√
B. 문제해결 시나리오	√	
C. 서술형시험		
D. 논술형시험		
E. 사례연구	√	
F. 평가자 질문	√	
G. 평가자 체크리스트		
H. 피평가자 체크리스트		
I. 일지/저널	√	
J. 역할연기	√	
K. 구두발표		√
L. 작업장평가		
M. 기타		

평가시 고려사항

- 수행준거에 제시되어 있는 내용을 성공적으로 수행할 수 있는지를 평가해야 한다.
- 평가자는 다음 사항을 평가해야 한다.
  - 필요 자원의 발굴 과정과 방법
  - 자원의 참여 지속성
  - 클라이언트 욕구의 반영
  - 클라이언트와 자원과의 연계상황

◉ 직업기초능력

| 순 번 | 직 업 기 초 능 력 | |
	주 요 영 역	하 위 영 역
1	의사소통능력	문서이해능력, 문서작성능력, 경청능력, 의사표현능력
2	문제해결능력	사고력, 문제처리능력
3	자원관리능력	시간자원관리능력, 물적자원관리능력, 인적자원관리능력
4	대인관계능력	팀웍능력, 갈등관리능력, 협상능력, 고객서비스능력
5	조직이해능력	조직체제이해능력, 경영이해능력, 업무이해능력

분류번호 : 0701020408_14v2

능력단위 명칭 : 사회복지사례관리 평가

능력단위 정의 : 사회복지사례관리 평가는 사례관리 과정에서 수립된 클라이언트의 목표 달성 여부를 클라이언트와 함께 점검하고 사례관리 지속 여부를 판단하여 종결을 준비하도록 돕는 능력이다.

능 력 단 위 요 소	수 행 준 거
0701020408_14v2.1 사례관리 모니터링하기	1.1 사례관리 목표에 근거한 진행정도, 클라이언트의 노력, 자원과의 상호작용을 점검할 수 있다. 1.2 점검된 내용을 근거로 클라이언트의 욕구를 재사정할 수 있다. 1.3 점검 상 나타난 문제의 해결대안을 파악하여 사례관리 실행계획표를 수정할 수 있다. 【지식】 ㅇ 모니터링 시스템 지식 ㅇ 개인 정보관리 지식 ㅇ 욕구 재사정 【기술】 ㅇ 목표 달성도 점검기술 ㅇ 대안 제시 능력 ㅇ 모니터링 기술 【태도】 ㅇ 새로운 욕구에 대한 민감한 태도 ㅇ 수평적 관계를 유지하려는 태도 ㅇ 사례에 대한 관심
0701020408_14v2.2 목표 달성여부 확인하기	2.1 클라이언트와 함께 사례관리 초기의 수립된 계획과 실제적인 목표달성도를 비교할 수 있다. 2.2 목표달성도를 평가하기 위해 질적 평가양식과 양적 평가양식을 작성할 수 있다. 2.3 평가결과를 분석하여 클라이언트의 변화도를 조사할 수 있다. 【지식】 ㅇ 성과관리 ㅇ 질적 데이터 분석방법 ㅇ 양적 데이터 분석방법 【기술】 ㅇ 관찰일지 작성기술

능력단위요소	수 행 준 거
	○ 양적척도 활용기술 ○ 질적분석 자료 활용기술 【태도】 ○ 결과에 대한 객관적 태도 ○ 분석적 사고
0701020408_14v2.3 종결 상황 점검하기	3.1 클라이언트 변화와 성과를 확인하기 위하여 클라이언트의 문제해결 과정을 정리할 수 있다. 3.2 사례관리의 종결에 따른 심리적 저항을 상담할 수 있다. 3.3 성과 및 목표달성 정도에 따라 사례회의를 통하여 사례의 종결을 결정할 수 있다. 【지식】 ○ 사례관리 종결의 개념 ○ 목표에 대한 평가 ○ 종결에 대한 클라이언트의 불안심리 【기술】 ○ 종결상담기술 ○ 이별감정 다루기 ○ 지지와 격려 【태도】 ○ 클라이언트의 변화를 지지하는 태도 ○ 결과를 조직 내에서 공유하는 태도

◉ 적용범위 및 작업상황

- 이 능력단위는 클라이언트의 욕구에 따른 목표달성도를 확인하기 위한 업무에 적용한다.
- 평가를 통해서 클라이언트로서 욕구의 재사정여부를 결정한다.
- 클라이언트의 문제가 해결되었다고 해서 사례를 바로 종결하면 안되며, 종결이 가까워지면 정기적인 만남 또는 서비스 횟수를 서서히 줄여나가면서 클라이언트가 적응할 수 있도록 지원한다.
- 사례관리자는 클라이언트와 함께 전체적인 사례관리 과정을 통하여 변화하고 성장한 부분은 무엇인지, 아직 해결되지 못한 부분은 무엇인지 함께 점검해야 하며, 긍정적인 변화는 일상생활 속에서 유지할 수 있도록 지지해야 한다.

자료 및 관련 서류

- 사례관리 욕구사정지
- 욕구사정에 대한 목표계획서
- 목표설정에 대한 질적, 양적 평가지
- 사례관리지침

장비 및 도구

- 컴퓨터
- 통계패키지 소프트웨어

재료

- 해당없음

◉ 평가지침

- 평가자는 능력단위 사례관리 평가의 수행준거에 제시되어 있는 내용을 평가하기 위해 이론과 실기를 나누어 평가하거나 종합적인 결과물의 평가 등 다양한 평가 방법을 사용할 수 있다.
- 피 평가자의 과정평가 및 결과평가 방법

평 가 방 법	평 가 유 형	
	과 정 평 가	결 과 평 가
A. 포트폴리오		
B. 문제해결 시나리오		
C. 서술형시험		
D. 논술형시험		
E. 사례연구		
F. 평가자 질문	√	√
G. 평가자 체크리스트	√	√
H. 피평가자 체크리스트	√	√
I. 일지/저널		
J. 역할연기		
K. 구두발표		
L. 작업장평가		
M. 기타		

평가시 고려사항

- 수행준거에 제시되어 있는 내용을 성공적으로 수행할 수 있는지를 평가해야 한다.
- 평가자는 다음 사항을 평가해야 한다.
  - 클라이언트의 욕구충족 달성 여부
  - 평가양식을 활용
  - 평가결과에 대한 분석 능력

◉ 직업기초능력

순 번	직 업 기 초 능 력	
	주 요 영 역	하 위 영 역
1	의사소통능력	문서이해능력, 문서작성능력, 경청능력, 의사표현능력
2	수리능력	기초연산능력, 기초통계능력, 도표분석능력, 도표작성능력
3	문제해결능력	사고력, 문제처리능력
4	정보능력	컴퓨터활용능력, 정보처리능력
5	기술능력	기술이해능력, 기술선택능력, 기술적용능력

분류번호 : 0701020409_14v2

능력단위 명칭 : 사회복지사례관리 종결

능력단위 정의 : 사회복지사례관리 종결은 종결보고서를 작성하고 사후관리를 요청한 클라이언트를 대상으로 사후관리 계획을 수립하여 일정기간 관리하는 능력이다.

능력단위요소	수 행 준 거
0701020409_14v2.1 종결보고서 작성하기	1.1 종결보고서 작성에 필요한 자료를 수집·정리할 수 있다. 1.2 사례관리 과정에서 수집된 자료를 기반으로 종결사유, 제공된 서비스, 전체적 변화와 성장, 사례관리자의 의견을 보고서로 작성할 수 있다. 1.3 사례관리 과정에서 관계된 자원들에게 사례종결에 따른 결과를 통보할 수 있다.
	【지식】 ○ 개인정보보호법 ○ 기관 내부 규정·지침 ○ 사례관리 종결의 개념 【기술】 ○ 개별 파일 정리 기술 ○ 종결 보고서 작성 기술 【태도】 ○ 작은 성공이라도 놓치지 않는 세심한 태도 ○ 클라이언트에 대한 책임성 ○ 원활한 커뮤니케이션 창출을 위한 의지 ○ 결과를 자원과 공유하고자 하는 태도
0701020409_14v2.2 사후관리 계획 수립하기	2.1 사례종결 후 (재)개입의 필요성을 판단할 수 있다. 2.2 사례별 종결 이후 필요한 서비스를 계획할 수 있다. 2.3 클라이언트와 종결 이후의 과정을 합의할 수 있다.
	【지식】 ○ 사후관리의 개념 ○ 클라이언트 재사정 【기술】 ○ 협상기술 ○ 연계 서비스 제공 기술 【태도】

능력단위요소	수 행 준 거
	○ 클라이언트에 대한 수용과 지지 ○ 자기결정권 존중
0701020409_14v2.3 사후관리하기	3.1 클라이언트가 종결 이후의 상황을 유지·개선하도록 지지할 수 있다. 3.2 클라이언트의 외부체계를 활용하여 문제의 재발을 모니터링 할 수 있다. 3.3 문제 상황 발생 시 사정을 통하여 재개입하거나 타 기관에 의뢰할 수 있다.
	【지식】 ○ 사후관리 개념 ○ 역량강화이론 【기술】 ○ 지역사회자원 연계기술 ○ 모니터링 기술 ○ 지지와 격려 【태도】 ○ 클라이언트에 대한 수용과 지지 ○ 클라이언트의 새로운 문제 상황에 실망하지 않고 유연하게 대처하는 태도

◉ 적용범위 및 작업상황

- 종결은 사례관리의 과정이 계획된 형태 또는 재사정을 통하여 수정된 형태로 진행이 완료된 것을 의미한다.
- 종결보고서 작성에 필요한 자료는 사례관리 계획서를 비롯하여 사례관리 과정에서 발생한 모든 자료 및 기록물을 포함한다.
- 종결 사유는 진행의 완료 외에도 사망, 이주, 보호자 발생, 시설 입소 및 타기관 의뢰, 서비스 거부 등이 포함된다.
- 사례 종결은 사후관리를 위한 과정으로 볼 수 있으며, 사후관리 제공여부에 따라 후속조치가 진행되어야 한다.
- 사례 종결 후 관련된 모든 기록물은 기록물 관리 규정에 따라 보관 또는 폐기되어야 하며, 기록물에 대한 보안이 철저히 지켜져야 한다.

- 사례 종결보고서
- 사후관리 계획서

- 컴퓨터 및 프린터

- 해당없음

◉ 평가지침

- 평가자는 능력단위 사회복지사례관리 종결의 수행준거에 제시되어 있는 내용을 평가하기 위해 이론과 실기를 나누어 평가하거나 종합적인 결과물의 평가 등 다양한 평가 방법을 사용할 수 있다.
- 피 평가자의 과정평가 및 결과평가 방법

평 가 방 법	평 가 유 형	
	과 정 평 가	결 과 평 가
A. 포트폴리오		√
B. 문제해결 시나리오		
C. 서술형시험		
D. 논술형시험		
E. 사례연구	√	√
F. 평가자 질문		
G. 평가자 체크리스트	√	√
H. 피평가자 체크리스트		
I. 일지/저널	√	√
J. 역할연기		
K. 구두발표	√	√
L. 작업장평가		
M. 기타		

평가시 고려사항

- 수행준거에 제시되어 있는 내용을 성공적으로 수행할 수 있는지를 평가해야 한다.
- 평가자는 다음 사항을 평가해야 한다.
  - 사회복지사와 클라이언트 간 종결에 대한 동의
  - 사례 종결의 적절성(목표 수행 정도)
  - 클라이언트 만족도
  - 사후관리 계획

◉ 직업기초능력

순 번	직 업 기 초 능 력	
	주 요 영 역	하 위 영 역
1	의사소통능력	문서이해능력, 문서작성능력, 경청능력, 의사표현능력
2	문제해결능력	사고력, 문제처리능력
3	정보능력	컴퓨터활용능력, 정보처리능력
4	조직이해능력	조직체제이해능력, 경영이해능력, 업무이해능력
5	직업윤리	근로윤리, 공동체윤리

◉ 개발 이력

구 분		내 용
직무명칭		사회복지사례관리
분류번호		07010204_14v2
개발연도	현재	2014년
	...	
	2차	
	최초(1차)	2007년
버전번호		2
개 발 자	현재	한국사회복지사협회
	...	
	2차	
	최초(1차)	한국사회복지사협회
향후 보완 연도(예정)		–

3. 관련자격 개선 의견(직무별 능력단위)

능 력 단 위	국가직무능력표준 수 준	관 련 자 격	개 선 의 견
사회복지사례관리 외부운영체계 구축	5	사회복지사	사회복지사 자격 취득을 위한 법정 교육과정을 거쳐 자격증 취득하는 대상자에 한해, NCS의 교육과정을 이수하고 일정한 평가 후 '사회복지사례관리' 분야에 대한 교육이수증을 제공하고, 사회복지노동시장 진입 시 해당분야의 사회복지기관 등에서 취업 우대조건으로 활용하며, 차후에 '전문사회복지사 자격' 신설 시 해당 분야 경력과 교육훈련 등을 연계하여 개편
사회복지사례관리 내부운영체계 구축	6	사회복지사	
사회복지사례관리 인테이크	4	사회복지사	
사회복지사례관리 통합적 욕구사정	5	사회복지사	
사회복지사례관리 실행계획 수립	5	사회복지사	
사회복지사례관리 직접실천	4	사회복지사	
사회복지사례관리 간접실천	4	사회복지사	
사회복지사례관리 평가	5	사회복지사	
사회복지사례관리 종결	4	사회복지사	

※ 앞으로 국가직무능력표준을 기반으로 한 과정평가형 자격제도가 시행될 예정임. 사회복지사 자격은 「사회복지사업법」을 근거로 시행되고 있어, 법령에서 규정해 놓은 법정 필수교과목과 선택교과목을 반드시 이수해야 사회복지사 자격증을 취득할 수 있음. 과정평가형 자격제도가 사회복지사 자격제도와 혼용되어 시행될 경우 서로 다른 자격취득방식을 가지게 될 수 있음으로 사회복지계의 충분한 논의과정을 통해 그 방향을 정할 필요가 있음.

활.용.패.키.지

① 개발목적

○ 산업현장의 근로자를 경력개발, 채용·승진 등 인사관리를 위하여 국가직무능력표준에 따라 경력개발경로 콘텐츠* 개발

  * 국가직무능력표준 개발시 평생경력개발경로 모형, 직무기술서, 채용·배치·승진 체크리스트, 자가진 단도구 개발

② 활용대상

활용콘텐츠 개발	활용대상
평생경력개발경로 모형	사업체, 근로자
직무기술서	사업체
채용 · 배치 · 승진 체크리스트	사업체
자가진단도구	근로자

③ 활용방법

○ 평생경력개발 콘텐츠의 내용과 사업체의 경력개발경로, 직무기술서 등을 비교·분석

○ 평생경력개발 콘텐츠를 그대로 활용하거나 변형하여 활용

- 콘텐츠의 내용이 사업체의 경력개발경로 등이 유사한 경우에는 그대로 개발된 콘텐츠를 그 대로 활용

- 콘텐츠의 내용이 사업체와 일부 상이한 경우에는 사업체의 특성에 맞게 콘텐츠의 내용을 변경하여 활용

④ 기대효과

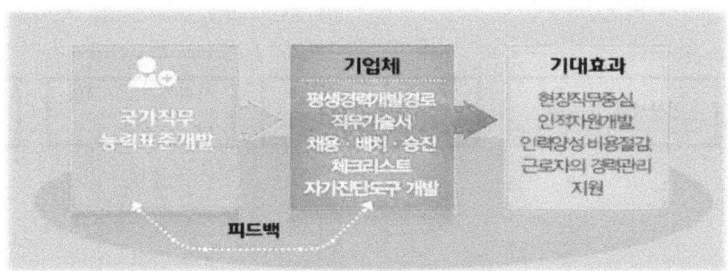

1-1. 능력단위 구조도

직능수준 / 직능유형	일상생활기능지원	사회복지면담	사회복지프로그램 운영	사회복지사례관리
6			사회복지프로그램 자원개발 사회복지프로그램 평가	사회복지사례관리 내부운영체계구축
5	사회활동지원 일상생활 위험관리	가족상담 사회복지면담 슈퍼비전	사회복지프로그램 계획수립 사회복지프로그램 점검	사회복지사례관리 외부운영체계 구축 사회복지사례관리 통합적 욕구 사정 사회복지사례관리 실행계획 수립 사회복지사례관리 평가
4	인지정서지원 가족관계지원 일상생활 서비스 기록관리	사회복지면담 초기면접 사회복지면담 사정 개인상담 집단상담 면담종결	사회복지프로그램 욕구조사 사회복지프로그램 실행 사회복지프로그램 종결	사회복지사례관리 인테이크 사회복지사례관리 직접실천 사회복지사례관리 간접실천 사회복지사례관리 종결
3	신체활동지원 가사활동지원 건강지원	면담기록관리	사회복지프로그램 홍보	

1-2. 평생경력개발 체계도

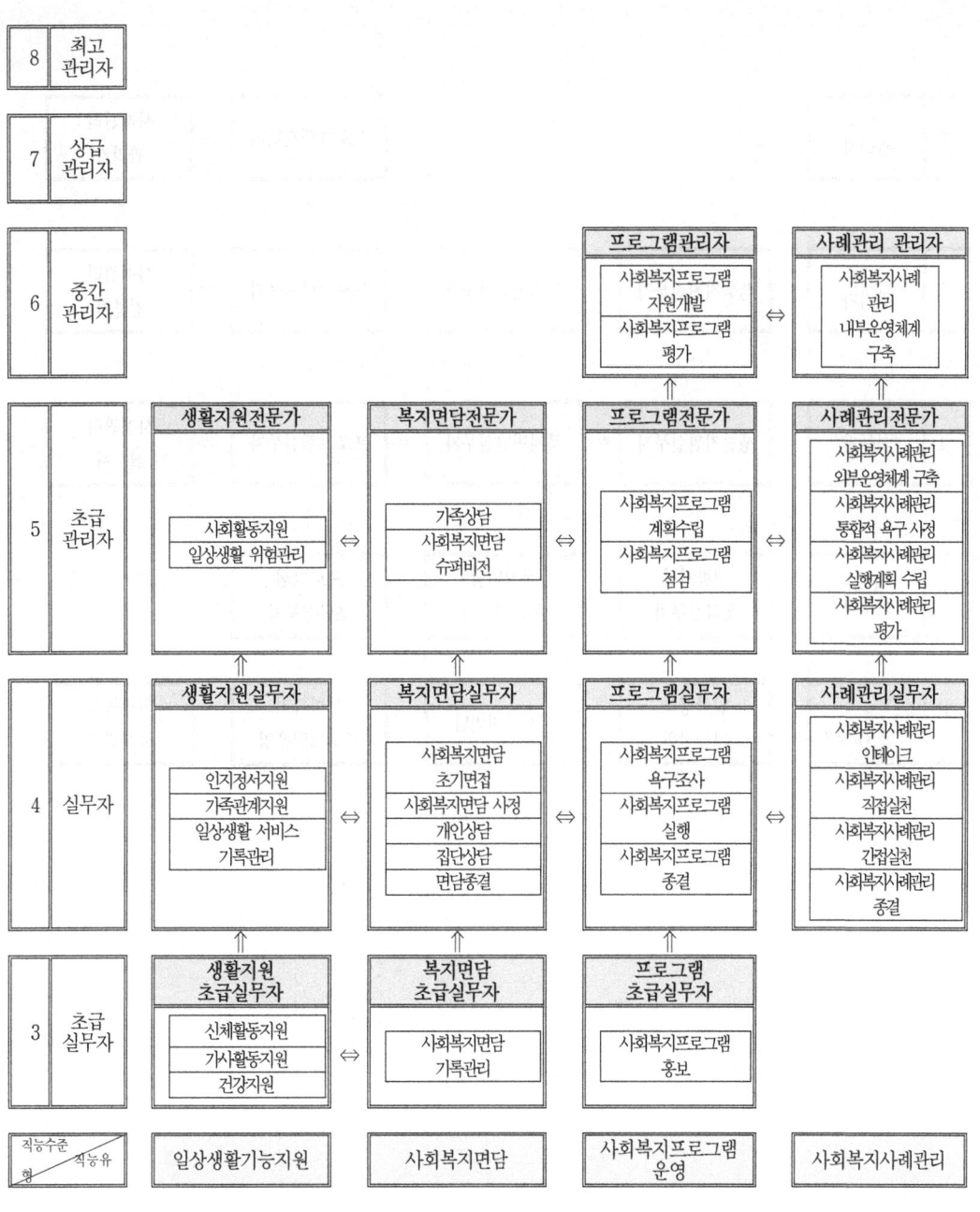

직능수준 \ 직능유형	일상생활기능지원	사회복지면담	사회복지프로그램 운영	사회복지사례관리
8 최고 관리자				
7 상급 관리자				
6 중간 관리자			**프로그램관리자** 사회복지프로그램 자원개발 사회복지프로그램 평가	**사례관리 관리자** 사회복지사례 관리 내부운영체계 구축
5 초급 관리자	**생활지원전문가** 사회활동지원 일상생활 위험관리	**복지면담전문가** 가족상담 사회복지면담 슈퍼비전	**프로그램전문가** 사회복지프로그램 계획수립 사회복지프로그램 점검	**사례관리전문가** 사회복지사례관리 외부운영체계 구축 사회복지사례관리 통합적 욕구 사정 사회복지사례관리 실행계획 수립 사회복지사례관리 평가
4 실무자	**생활지원실무자** 인지정서지원 가족관계지원 일상생활 서비스 기록관리	**복지면담실무자** 사회복지면담 초기면접 사회복지면담 사정 개인상담 집단상담 면담종결	**프로그램실무자** 사회복지프로그램 욕구조사 사회복지프로그램 실행 사회복지프로그램 종결	**사례관리실무자** 사회복지사례관리 인테이크 사회복지사례관리 직접실천 사회복지사례관리 간접실천 사회복지사례관리 종결
3 초급 실무자	**생활지원 초급실무자** 신체활동지원 가사활동지원 건강지원	**복지면담 초급실무자** 사회복지면담 기록관리	**프로그램 초급실무자** 사회복지프로그램 홍보	

1-3. 평생경력개발경로

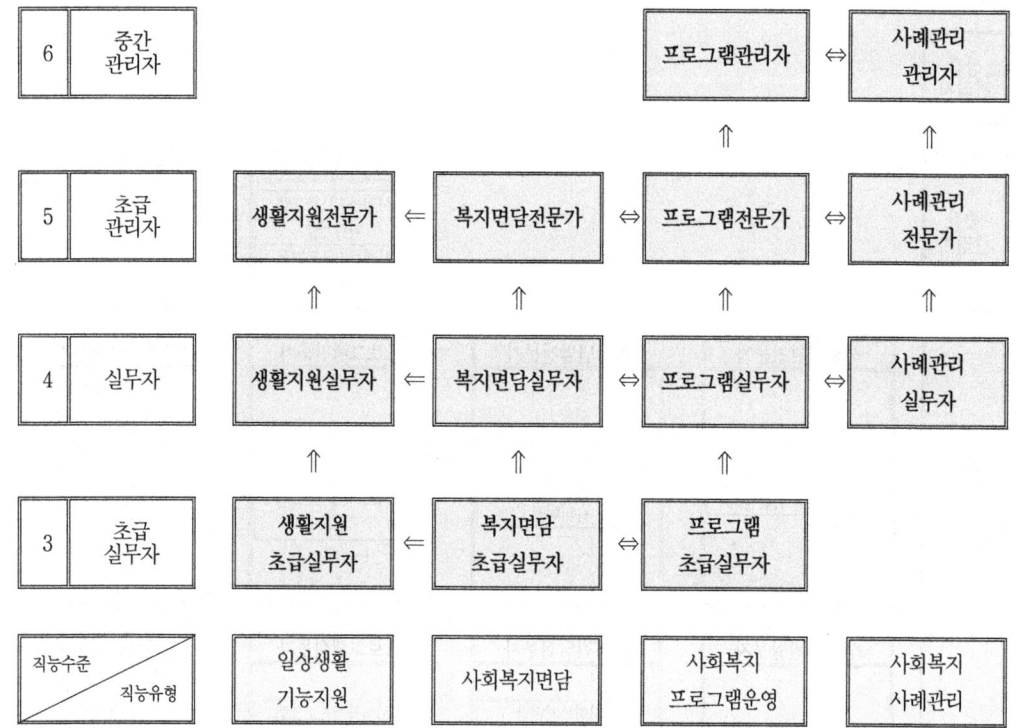

6	중간 관리자			프로그램관리자	⇔	사례관리 관리자
				⇑		⇑
5	초급 관리자	생활지원전문가 ⇐	복지면담전문가 ⇔	프로그램전문가 ⇔		사례관리 전문가
		⇑	⇑	⇑		⇑
4	실무자	생활지원실무자 ⇐	복지면담실무자 ⇔	프로그램실무자 ⇔		사례관리 실무자
		⇑	⇑	⇑		
3	초급 실무자	생활지원 초급실무자 ⇐	복지면담 초급실무자 ⇔	프로그램 초급실무자		
직능수준 / 직능유형		일상생활 기능지원	사회복지면담	사회복지 프로그램운영		사회복지 사례관리

2-1. 직무기술서 개요

○ 개념 : 직무기술서는 해당 직무의 목적과 업무의 범위, 주요 책임, 요구받는 역할, 직무 수행 요건 등 직위에 관한 정보를 제시한 문서를 의미

○ 구성요소
- 직무, 능력단위분류번호, 능력단위, 직무목적, 직무 책임 및 역할, 직무수행요건으로 구성
- 추가 정보 제공을 위해 개발 날짜, 개발 기관을 추가 제시

구 성 요 소	세 부 내 용
능력단위분류번호	• 전체 직무 구조 관리를 위한 직무 고유의 코드번호
능력단위	• 수행하고자 하는 능력단위의 명칭
직무목적	• 직무를 수행함으로써 이루고자 하는 직무의 목적
개발날짜	• 개발된 년, 월, 일
개발기관	• 직무기술서를 개발한 기관
직무 책임 및 역할	• 직무에 대한 책임 및 역할 영역 분류 및 상세 내용
직무수행요건	• 직무를 수행하기 위하여 개인이 일반적으로 갖추어야 할 사항 - 학력, 자격증, 지식 및 스킬, 사전 직무경험, 직무숙련기간 등

□ 직무 기본 정보

직 무	사회복지사례관리	능력단위분류번호	0701020401_14v2
		능 력 단 위	사회복지사례관리 외부운영체계 구축
직무 목적	사례관리를 수행하는데 필요한 대상자의 발굴과 의뢰체계, 지역사회 자원연계체계를 구축할 수 있다.		
개발 날짜	2014. 10.	개 발 기 관	한국사회복지사협회

□ 직무 책임 및 역할

주 요 업 무	책임 및 역할
클라이언트 발굴·의뢰체계 개발하기	· 사례 발굴·의뢰 체계를 조직하기 위한 계획을 수립할 수 있다. · 사례 발굴·의뢰 체계 개발을 위하여 협력기관을 설득할 수 있다. · 사례 발굴·의뢰 체계와 공식적 협약을 체결할 수 있다.
지역사회 자원연계 체계 개발하기	· 사례관리 대상에게 필요한 자원 목록을 범주별로 정리할 수 있다. · 지역사회자원조사를 통해 가용 자원의 목록을 작성할 수 있다. · 클라이언트의 욕구가 발생되었을 때 즉시 자원 연계와 협력이 이루어질 수 있는 실질적 협약관계를 맺을 수 있다.
지역사회 자원연계 체계 관리하기	· 사례관리에 필요한 지역사회의 자원연계 회의 체계를 조직할 수 있다. · 사례관리계획표에 지역사회 자원의 명확한 역할을 규정하고 위임할 수 있다. · 활용 가능한 외부체계와 관련된 자료를 정기적으로 업데이트할 수 있다.

□ 직무수행 요건

구 분	상 세 내 용	
학습경험	· 2,4년제 대학교, 대학원, 학점은행제	(전공: 사회복지관련학과)
	· 보건복지인력양성과정	(분야: 사회복지)
자 격 증	사회복지사	

지식·기술	【지식】
	  ○ 네트워크 이론
	  ○ 리더십이론
	  ○ 문제해결이론
	  ○ 사례관리이론(운영체계 이해)
	  ○ 의사소통이론
	  ○ 자원의 개념과 범주
	  ○ 지역사회조직이론
	【기술】
	  ○ 문서관리 기술	

	○ 모금 기술
	○ 설득과 협상의 기술
	○ 의사소통 기술
	○ 자원정보유지관리기술
	○ 자원정보 관리 기술
	○ 중재, 옹호, 갈등조정, 서비스 조정기술
	○ 클라이언트 옹호 기술
	○ 프리젠테이션 기술
	○ 회의진행기술
	○ 후원자, 자원봉사자 지원기술
사전직무경험	사례관리 간접실천
직무숙련기간	2년

□ 직무 기본 정보

직　　무	사회복지사례관리	능력단위분류번호	0701020402_14v2
		능 력 단 위	사회복지사례관리 내부운영체계 구축
직무 목적	사례관리 전담조직구성, 사례관리 지침, 양식을 개발하여 공유하고, 운영관리 체계를 구축할 수 있다.		
개발 날짜	2014. 10.	개 발 기 관	한국사회복지사협회

□ 직무 책임 및 역할

주 요 업 무	책임 및 역할
사례관리 조직 구성하기	· 사례관리에 대한 조직유형 분석을 통해 조직체계를 구성할 수 있다. · 사례관리업무의 효율적인 진행을 위하여 조직 내 사례관리팀을 구성할 수 있다. · 조직된 사례관리 팀 내부의 역할분장을 할 수 있다.
사례관리 지침 만들기	· 사례관리를 위한 운영규정을 제정·개정할 수 있다. · 조직 내에서 효과적인 사례관리 수행을 위한 매뉴얼을 만들 수 있다. · 조직에서 효과적으로 운영할 수 있는 사례관리 양식을 개발할 수 있다.
데이터 관리하기	· 사례관리 실천 과정에 따른 제반 문서에 객관적으로 기술할 수 있다. · 사례관리 과정에 활용하기 위하여 지역사회자원을 목록화할 수 있다. · 사례관리에 관련된 개별 파일을 사례유형별로 구분하여 보관할 수 있다.
슈퍼비전 체계 만들기	· 사례관리 과정을 지원할 수 있는 내부외부 슈퍼비전 체계를 구축할 수 있다. · 사례관리 과정에서 필요한 슈퍼비전을 내부·외부에 요청할 수 있다. · 슈퍼비전의 내용을 체계적으로 기록할 수 있다. · 슈퍼비전의 내용을 사례관리 과정에 적용할 수 있다.
사례관리자 교육체계 만들기	· 사례관리의 품질 향상을 위하여 사례관리자에 대한 교육 계획을 수립할 수 있다 · 계획에 따라 사례관리자에 대한 교육을 진행할 수 있다. · 교육결과에 대한 평가를 차기 교육에 반영할 수 있다.

□ 직무수행 요건

구　　분	상 세 내 용	
학습경험	· 2,4년제 대학교, 대학원, 학점은행제	(전공: 사회복지관련학과　　)
	· 보건복지인력양성과정	(분야: 사회복지　　)
자 격 증	사회복지사	
지식·기술	【지식】 ○ 개인정보보호법 ○ 기관 내부 규정·지침(사례관리 운영체계 관련 내용)	

	○ 네트워크론 ○ 사례관리 운영체계의 이해 ○ 사례관리실천을 위한 매뉴얼 연구보고서 ○ 사회복지시설정보시스템 ○ 사회복지조직 인적자원개발론 ○ 사회복지지도감독론 ○ 사회사업기록(레코딩)에 대한 실천지식 ○ 슈퍼비전 체계론 ○ 슈퍼비전론 ○ 인적자원개발이론(교육훈련 관련 이론) ○ 조직관리 ○ 조직행동론 ○ 지역사회자원에 대한 정보 ○ 직무분석 ○ 커뮤니케이션 이론 【기술】 ○ 갈등해소 기술 ○ 거래와 협력 기술 ○ 교육계획서 작성기술 ○ 교육프로그램기획기술 ○ 면담 기록 기술 ○ 사례관리자의 역량 강화를 위한 코칭 기술 ○ 슈퍼바이지의 특성에 따른 개별화 기술 ○ 슈퍼비전 기술 ○ 의사소통 기술 ○ 인사조직관리기술 ○ 인적자원재교육 기술 ○ 자료분류기술 ○ 정보를 요약하여 지침으로 정리하는 기술 ○ 조직성과 기술 ○ 행정양식 개발 기술
사전직무경험	사회복지사례관리 직접실천, 외부운영체계 구축
직무숙련기간	2~4년

□ 직무 기본 정보

직 무	사회복지사례관리	능력단위분류번호	0701020403_14v2
		능 력 단 위	사회복지사례관리 인테이크
직무 목적	방문 또는 의뢰체계로부터 요청된 클라이언트와 접촉하여 상황과 제시된 욕구를 파악하고 사례관리의 적합성 여부를 판단하여 사례관리를 설명 후 동의를 얻을 수 있다.		
개발 날짜	2014. 10.	개 발 기 관	한국사회복지사협회

□ 직무 책임 및 역할

주 요 업 무	책 임 및 역 할
사례관리 설명하기	· 사례관리의 필요성이 있는 클라이언트에게 사례관리의 내용·과정을 설명할 수 있다. · 사례관리 과정 참여로 발생하는 권리와 의무에 대해 안내할 수 있다. · 클라이언트가 사례관리 참여 여부를 결정하도록 지원할 수 있다.
클라이언트 일반적 상황 파악하기	· 사례관리 초기면접를 활용하여 클라이언트의 상황을 조사할 수 있다. · 클라이언트의 가족력, 가계도를 통해 정보를 수집할 수 있다. · 클라이언트의 생태도를 통해 정보를 수집할 수 있다.
클라이언트의 제시된 욕구 파악하기	· 초기면접 내용을 바탕으로 클라이언트가 가진 문제를 진단할 수 있다. · 초기면접 내용을 바탕으로 클라이언트가 충족하고자 하는 욕구를 진단할 수 있다. · 클라이언트가 가진 문제와 욕구에 따라 우선순위를 분류할 수 있다.
클라이언트 선정하기	· 사례관리 선정 기준표를 활용하여 사례관리자의 종합 의견을 기술할 수 있다. · 사례회의에 상정하여 사례관리 대상 여부를 결정할 수 있다. · 부적합 사례에 대하여 타 기관에 의뢰, 단위 서비스, 부적합판정 사유에 대해 설명할 수 있다.

□ 직무수행 요건

구 분	상 세 내 용	
학습경험	· 2,4년제 대학교, 대학원, 학점은행제	(전공: 사회복지관련학과)
	· 보건복지인력양성과정	(분야: 사회복지)
자 격 증	사회복지사	
지식·기술	【지식】 ○ 개인정보보호법 ○ 객관적 사실 표현 능력 ○ 국민기초생활보장법 ○ 대상자 선정 지침(기준) ○ 사례관리 개념에 대한 이해	

	○ 사례관리 대상자 선정에 대한 행정절차
	○ 사례관리의 개념
	○ 사회복지사업법 관련 지침
	○ 사회복지실천 관계 이론
	○ 욕구조사 방법
	○ 클라이언트 면접·상담이론
	○ 클라이언트와의 소통방법
	【기술】
	○ 개인정보보호법
	○ 경청·기록정보 분석기술
	○ 공감적 의사소통기술
	○ 관계형성기술
	○ 관심기울이기
	○ 사례관리의 개념
	○ 사례회의운영기술
	○ 사회복지실천 관계 이론
	○ 욕구조사기술
	○ 적극적 경청
	○ 정확한 기록 기술
	○ 클라이언트와의 소통방법
	○ 클라이언트의 욕구에 대한 공감기술
	○ 판정문 작성기술
사전직무경험	–
직무숙련기간	1~2년

□ 직무 기본 정보

직 무	사회복지사례관리	능력단위분류번호	0701020404_14v2
		능 력 단 위	사회복지사례관리 통합적 욕구 사정
직무 목적	클라이언트와 함께 욕구상황을 통찰하고 클라이언트의 자원 접근의 장애물을 파악하며, 해결하기 위한 내적·외적자원 정보를 수집·분석할 수 있다.		
개발 날짜	2014. 10.	개 발 기 관	한국사회복지사협회

□ 직무 책임 및 역할

주 요 업 무	책 임 및 역 할
클라이언트 욕구 분석하기	· 질적, 양적 사례관리 사정도구를 활용하여 클라이언트가 중요하게 생각하는 욕구를 조사할 수 있다. · 클라이언트의 가족체계와 환경의 이해를 위하여 사정도구를 활용하여 욕구 목록을 작성할 수 있다. · 클라이언트의 신체, 심리, 사회, 경제적, 사회관계적 욕구의 우선순위를 정할 수 있다.
클라이언트 자원정보 분석하기	· 클라이언트가 문제해결을 위해 사용하는 공식적·비공식적 자원의 목록을 만들 수 있다. · 클라이언트의 욕구를 해결하는 데 필요한 비공식적 자원과 지역사회 자원을 파악하여 자원계획을 수립할 수 있다. · 클라이언트와 외부자원을 서로 연결, 협상, 옹호해 줄 수 있다.
클라이언트 강점찾기	· 클라이언트의 공식적, 비공식적 관계에서 사용된 성공적 경험을 욕구사정지에 서술할 수 있다. · 사례관리자가 파악한 클라이언트의 긍정적 요소를 목록화 할 수 있다. · 클라이언트와 사례관리자 간에 합의한 강점을 목록화 할 수 있다.
클라이언트 장애물 파악하기	· 문제해결을 위한 자원과의 관계를 방해하는 클라이언트의 태도를 조사할 수 있다. · 문제해결을 위한 자원과의 관계를 방해하는 외부적 환경 요인을 조사할 수 있다. · 클라이언트와 외부환경과의 상호관계에서의 장애물을 조사할 수 있다.

□ 직무수행 요건

구 분	상 세 내 용	
학습경험	· 2,4년제 대학교, 대학원, 학점은행제	(전공: 사회복지관련학과)
	· 보건복지인력양성과정	(분야: 사회복지)
자 격 증	사회복지사	
지식 · 기술	【지식】 ○ 가족체계이론	

	○ 강점관점 해결중심 치료 ○ 개인 심리역동 분석 ○ 사례관리 간접서비스 전략 지식 : 중계, 연결, 조정, 옹호, 협동전략 ○ 상담이론 ○ 심리사회역동모델 ○ 심층면접이론 ○ 역량강화이론 ○ 지역사회 네트워크 이론 ○ 지역사회 자원체계에 대한 정보 ○ 클라이언트의 태도에 대한 반향적 사고(reflective thinking) 【기술】 ○ 가족강점척도, 임파워먼트 척도 활용 능력 ○ 가족력, 생태도, 사회적지지망 척도 활용 능력 ○ 강점관점 상담 개입 기술 ○ 객관적 정보(공적정보, 의료, 법률 등) 수집기술 ○ 문서작성능력 ○ 사회적 네트워크 협상기술 ○ 상담기록 작성 능력 ○ 지역사회 자원분석 및 자원목록 작성능력 ○ 클라이언트가 사용한 정보를 조직화하는 능력 ○ 클라이언트의 욕구 수준 체계적 분석 능력
사전직무경험	사회복지사례관리 인테이크, 사회복지사례관리 직접실천·간접실천
직무숙련기간	2년

□ 직무 기본 정보

직 무	사회복지사례관리	능력단위분류번호	0701020405_14v2
		능 력 단 위	사회복지사례관리 실행계획 수립
직무 목적	클라이언트와 함께 사정내용을 근거로 클라이언트에게 필요한 자원을 설득하고, 통합사례회의를 개최하여 실행계획을 구체화할 수 있다.		
개발 날짜	2014. 10.	개 발 기 관	한국사회복지사협회

□ 직무 책임 및 역할

주 요 업 무	책임 및 역할
사례관리 목표 수립하기	· 클라이언트의 우선순위에 있는 욕구해결과정에 필요한 다양한 정보를 수집할 수 있다. · 수집된 정보와 클라이언트가 원하는 결과를 바탕으로 욕구해결의 방법을 계획할 수 있다. · 클라이언트에게 욕구해결의 계획을 설명하고, 합의를 바탕으로 사례관리 목표를 수립할 수 있다.
사례관리 실행계획 전략수립하기	· 사례관리 목표를 실행하기 위해 다양한 인적, 물적 자원에 대한 정보를 수집할 수 있다. · 수집된 정보를 바탕으로 욕구해결과정에 필요한 자원, 실천 방법을 목록화 할 수 있다. · 목록화된 내용을 활용하여 클라이언트와 함께 욕구해결의 우선순위를 결정할 수 있다. · 욕구해결 전략분석을 통하여 실행계획서를 작성할 수 있다.
통합사례회의 실행하기	· 사례회의에 필요한 회의 자료를 작성할 수 있다. · 사례관리팀과 관련 협력팀 간의 일정을 조정하여 사례회의를 개최할 수 있다. · 인테이크와 욕구사정과정에서 수집된 정보를 기반으로 클라이언트의 상황을 자원들에게 이해하도록 설명할 수 있다. · 클라이언트의 욕구 해결 방안을 모색하고 자원들이 역할을 분담할 수 있도록 조정하여 결과보고서를 작성할 수 있다.
자원 활용 계획하기	· 클라이언트의 욕구해결을 위한 필요한 자원을 목록화할 수 있다. · 목록화된 자원을 중심으로 클라이언트에게 필요한 자원활용 방법을 분석할 수 있다. · 분석된 자원활용 방법을 근거로 하여 클라이언트 문제욕구 과정에 필요한 자원을 설득하여 참여하도록 할 수 있다.
클라이언트와 계약하기	· 클라이언트와 함께 해결해야 할 욕구에 대한 사례관리 실행계획을 확정할 수 있다. · 확정된 사례관리 실행계획에 대한 계약의 의미를 설명하고 동의를 얻을 수 있다. · 클라이언트의 동의를 얻은 사례관리 실행계획에 대한 계약서를 작성할 수 있다.

□ 직무수행 요건

구 분	상 세 내 용	
학습경험	· 2,4년제 대학교, 대학원, 학점은행제	(전공: 사회복지관련학과)
	· 보건복지인력양성과정	(분야: 사회복지)
자 격 증	사회복지사	
지식 · 기술	【지식】 ○ 강점관점 이론 ○ 강점관점의 상담기술 ○ 개인정보활용동의에 관한 지식 ○ 목표수립과 관련된 사회복지모델에 관한 지식 ○ 문제해결모델 ○ 문제해결방법론 ○ 역량강화(empowerment) 이론 ○ 자원을 설득하는 의사소통에 관한 지식 ○ 전략분석에 관한 지식 ○ 정보분석방법 ○ 지역사회자원분석에 관한 지식 ○ 회의진행에 대한 실천지식 【기술】 ○ 객관적인 데이터 분석의 기술 ○ 경청, 지지, 격려의 기술 ○ 계약서 작성기술 ○ 다양한 전략수립을 위한 창의적 사고기술 ○ 목적, 목표 작성기술 ○ 목표에 따른 해결방안 계획서 작성기술 ○ 신뢰감을 줄 수 있는 의사소통기술 ○ 자원의 필요성에 대한 설득력 있는 브리핑기술 ○ 자원파악 및 목록 작성기술 ○ 전략적 시간관리 기술 ○ 정보수집 기술 ○ 코디네이터 기술 ○ 토론 진행기술 ○ 회의진행기술	
사전직무경험	사회복지사례관리 인테이크, 사회복지사례관리 직접실천·간접실천	
직무숙련기간	2년	

□ 직무 기본 정보

직 무	사회복지사례관리	능력단위분류번호	0701020406_14v2
		능 력 단 위	사회복지사례관리 직접실천
직무 목적	가정방문, 상담, 집단 활동을 통하여 사례관리자가 클라이언트의 내적 장애물을 상담, 긴급 상황 개입, 교육·정보제공, 지지를 함으로써 클라이언트의 문제해결 역량을 강화할 수 있다.		
개발 날짜	2014. 10.	개 발 기 관	한국사회복지사협회

□ 직무 책임 및 역할

주 요 업 무	책임 및 역할
클라이언트의 내적 장애물 상담하기	· 모니터링을 통해 클라이언트의 문제해결에 장애가 되는 개인 심리 내적 요인을 파악할 수 있다. · 발견된 내적장애물이 어떤 영향을 미치고 있는지 통찰하도록 돕는다. · 분석된 내용을 근거로 클라이언트와 해결방안을 함께 합의하여 결정할 수 있다. · 합의된 해결방안에 따라 지속적 가정방문, 정기적 만남을 통한 상담, 집단가족활동을 진행할 수 있다.
클라이언트 긴급상황 개입하기	· 클라이언트의 위기상황에 대한 객관적 정보를 수집하여 신속하게 사정할 수 있다. · 필요에 따라 위기상황 해결을 위한 긴급 솔루션회의를 개최할 수 있다. · 긴급한 상황 대처에 따른 적절한 기관의 정보를 활용하여 신속한 자원배치를 할 수 있다.
클라이언트 문제해결 역량 강화하기	· 클라이언트의 문제해결을 위해 다양한 정보제공을 할 수 있다. · 클라이언트에게 직접적으로 교육할 필요가 있을 경우 교육과정을 개발·진행·평가할 수 있다. · 클라이언트가 문제해결 과정에서 스스로 강점을 발견하고 자신감을 얻을 수 있도록 지지할 수 있다. · 클라이언트의 강점을 문제해결의 내적자원으로 활용할 수 있다.

□ 직무수행 요건

구 분	상 세 내 용	
학습경험	· 2,4년제 대학교, 대학원, 학점은행제	(전공: 사회복지관련학과)
	· 보건복지인력양성과정	(분야: 사회복지)
자 격 증	사회복지사	
지식 · 기술	【지식】 　○ 가계도 탐색 　○ 강점관점 이론 　○ 과제중심 이론	

	○ 교육과정개발론
	○ 동기강화 이론
	○ 문제해결방법론
	○ 심리사회모델
	○ 위기개입이론
	○ 자원네트워크
	○ 정신분석 이론
	○ 집단대상 실천 이론
	○ 해결중심 가족치료 이론
	○ 문제해결방법론
	【기술】
	○ 강점관점 상담기술
	○ 문제해결기술
	○ 상담기술
	○ 상황보고에 대한 기록기술
	○ 응급상황 발견 시 대처 기술
	○ 응급처치 기술
	○ 의사소통기술
	○ 자료 수집 기술
	○ 정보 수집 기술
	○ 지역복지 정보 연계 기술
	○ 코칭 기술
	○ 프로그램 진행기술
사전직무경험	사회복지사례관리 인테이크
직무숙련기간	1~2년

□ 직무 기본 정보

직 무	사회복지사례관리	능력단위분류번호	0701020407_14v2
		능 력 단 위	사회복지사례관리 간접실천
직무 목적	클라이언트의 자원 접근성을 높이고 자원과 클라이언트 간의 상호작용이 원활하도록 사례관리자가 중개·의뢰·조정·옹호·점검하며 자원을 지원할 수 있다 .		
개발 날짜	2014. 10.	개 발 기 관	한국사회복지사협회

□ 직무 책임 및 역할

주 요 업 무	책임 및 역할
자원 접근성 높이기	· 클라이언트의 욕구에 기반하여 지역사회 내 잠재된 인적·물적 자원을 온·오프라인을 통해 발굴할 수 있다. · 발굴된 자료를 기반으로 활용 가능한 자원 목록을 작성할 수 있다. · 클라이언트와 협의 하에 의뢰서를 작성하여 해당 자원에 연계할 수 있다.
자원과 클라이언트의 상호작용 촉진하기	· 클라이언트에게 지원되는 자원, 서비스 제공 빈도가 높은 자원과 협약서를 체결할 수 있다. · 지원 내용의 적절성, 자원 참여의 지속성을 유지하기 위하여 정기적으로 모니터링 할 수 있다. · 클라이언트 욕구 중심의 서비스를 지원하기 위해 클라이언트와의 협의 하에 자원의 내용과 제공 수준을 조정할 수 있다.
지역사회자원 지원하기	· 클라이언트에 대한 정보를 제공함으로써 자원의 서비스 역량을 강화할 수 있다. · 정기적인 교육·간담회를 실시하여 자원들의 협력동기부여, 의사소통의 기회를 제공할 수 있다. · 문제해결 과정에서 발생하는 어려움에 대한 대안을 마련할 수 있다.

□ 직무수행 요건

구 분	상 세 내 용	
학습경험	· 2,4년제 대학교, 대학원, 학점은행제	(전공: 사회복지관련학과)
	· 보건복지인력양성과정	(분야: 사회복지)
자 격 증	사회복지사	
지식·기술	【지식】 ○ 개인정보보호법 ○ 개인정보보호법 ○ 고객관리 이론 ○ 기관 내부 규정·지침	

	○ 기관 내부 규정·지침(인적·물적 자원 관련 내용) ○ 네트워크 이론 ○ 사회복지법인 및 사회복지시설 재무회계규칙(후원금품 관련 조항) ○ 역량강화 이론 ○ 지역사회자원개발 ○ 개인정보보호법 【기술】 ○ 교육과정 개발 기술 ○ 대인관계 기술 ○ 동기부여 기술 ○ 모니터링 기술 ○ 설득과 협상 기술 ○ 의뢰서 작성기술 ○ 자원 관련 자료 수집 기술 ○ 자원과 클라이언트의 중재 기술 ○ 조정 기술 ○ 조직화 기술 ○ 클라이언트 옹호 기술 ○ 프리젠테이션 능력 ○ 협약서 작성 기술
사전직무경험	사회복지사례관리 인테이크
직무숙련기간	1~2년

□ 직무 기본 정보

직 무	사회복지사례관리	능력단위분류번호	0701020408_14v2
		능 력 단 위	사회복지사례관리 평가
직무 목적	사례관리 과정에서 수립된 클라이언트의 목표 달성 여부를 클라이언트와 함께 점검하고 사례관리 지속 여부를 판단하여 종결을 준비하도록 도울 수 있다.		
개발 날짜	2014. 10.	개 발 기 관	한국사회복지사협회

□ 직무 책임 및 역할

주 요 업 무	책임 및 역할
사례관리 모니터링하기	· 사례관리 목표에 근거한 진행정도, 클라이언트의 노력, 자원과의 상호작용을 점검할 수 있다. · 점검된 내용을 근거로 클라이언트의 욕구를 재사정할 수 있다. · 점검 상 나타난 문제의 해결대안을 파악하여 사례관리 실행계획표를 수정할 수 있다.
목표 달성여부 확인하기	· 클라이언트와 함께 사례관리 초기의 수립된 계획과 실제적인 목표달성도를 비교할 수 있다. · 목표달성도를 평가하기 위해 질적 평가양식과 양적 평가양식을 작성할 수 있다. · 평가결과를 분석하여 클라이언트의 변화도를 조사할 수 있다.
종결 상황 점검하기	· 클라이언트 변화와 성과를 확인하기 위하여 클라이언트의 문제해결 과정을 정리할 수 있다. · 사례관리의 종결에 따른 심리적 저항을 상담할 수 있다. · 성과 및 목표달성 정도에 따라 사례회의를 통하여 사례의 종결을 결정할 수 있다.

□ 직무수행 요건

구 분	상 세 내 용	
학습경험	· 2,4년제 대학교, 대학원, 학점은행제	(전공: 사회복지관련학과)
	· 보건복지인력양성과정	(분야: 사회복지)
자 격 증	사회복지사	
지식 · 기술	【지식】 ○ 개인 정보관리 지식 ○ 모니터링 시스템 지식 ○ 목표에 대한 평가 ○ 사례관리 종결의 개념 ○ 성과관리 ○ 양적 데이터 분석방법	

	○ 욕구 재사정
	○ 종결에 대한 클라이언트의 불안심리
	○ 질적 데이터 분석방법
	【기술】
	○ 관찰일지 작성기술
	○ 대안 제시 능력
	○ 모니터링 기술
	○ 목표 달성도 점검기술
	○ 양적척도 활용기술
	○ 이별감정 다루기
	○ 종결상담기술
	○ 지지와 격려
	○ 질적분석 자료 활용기술
사전직무경험	사회복지사례관리 인테이크, 사회복지사례관리 직접실천·간접실천
직무숙련기간	2년

□ 직무 기본 정보

직 무	사회복지사례관리	능력단위분류번호	0701020409_14v2
		능 력 단 위	사회복지사례관리 종결
직무 목적	종결보고서를 작성하고 사후관리를 요청한 클라이언트를 대상으로 사후관리 계획을 수립하여 일정기간 관리할 수 있다.		
개발 날짜	2014. 10.	개 발 기 관	한국사회복지사협회

□ 직무 책임 및 역할

주 요 업 무	책임 및 역할
종결보고서 작성하기	· 종결보고서 작성에 필요한 자료를 수집·정리할 수 있다. · 사례관리 과정에서 수집된 자료를 기반으로 종결사유, 제공된 서비스, 전체적 변화와 성장, 사례관리자의 의견을 보고서로 작성할 수 있다. · 사례관리 과정에서 관계된 자원들에게 사례종결에 따른 결과를 통보할 수 있다.
사후관리 계획 수립하기	· 사례종결 후 (재)개입의 필요성을 판단할 수 있다. · 사례별 종결 이후 필요한 서비스를 계획할 수 있다. · 클라이언트와 종결 이후의 과정을 합의할 수 있다.
사후관리하기	· 클라이언트가 종결 이후의 상황을 유지·개선하도록 지지할 수 있다. · 클라이언트의 외부체계를 활용하여 문제의 재발을 모니터링 할 수 있다. · 문제 상황 발생 시 사정을 통하여 재개입하거나 타 기관에 의뢰할 수 있다.

□ 직무수행 요건

구 분	상 세 내 용	
학습경험	· 2,4년제 대학교, 대학원, 학점은행제	(전공: 사회복지관련학과)
	· 보건복지인력양성과정	(분야: 사회복지)
자 격 증	사회복지사	
지식·기술	【지식】 ○ 개인정보보호법 ○ 기관 내부 규정·지침 ○ 사례관리 종결의 개념 ○ 사후관리 개념 ○ 역량강화이론 ○ 클라이언트 재사정	

	【기술】 ○ 개별 파일 정리 기술 ○ 모니터링 기술 ○ 연계 서비스 제공 기술 ○ 종결 보고서 작성 기술 ○ 지역사회자원 연계기술 ○ 지지와 격려 ○ 협상기술
사전직무경험	사회복지사례관리 인테이크, 사회복지사례관리 직접실천·간접실천
직무숙련기간	1~2년

3 ▶ 채용 · 배치 · 승진 체크리스트

3-1. 채용 · 배치 · 승진체크리스트 개요

○ 개념 : 근로자를 채용하거나 배치하거나 승진시키기 위하여 각 개인이 해당 직급에서 요구되는 직업능력을 어느 정도 가지고 있는지 확인하기 위한 진단도구

○ 구성요소 : ① 목적, ② 직급명, ③ 인적사항, ④ 능력구분, ⑤ 평가영역, ⑥ 평가문항, ⑦ 답변기재란, ⑧ 평가결과로 구성

【 채용 · 배치 · 승진 체크리스트 구성요소 】

구 성 요 소	세 부 내 용
목적	• 평가를 실시하는 방향이나 이유로 채용, 배치, 승진이 있음
직급명	• 해당 조직에서 일의 종류나 난이도, 책임도 등의 유사성을 기준으로 구분한 등급
인적사항	• 평가하고자 하는 예비근로자 및 근로자의 성명, 직위, 성별 등과 같은 개인적 특성
능력구분	• 평가하고자 하는 직급에서 요구되는 직업능력의 구분(직업기초능력, 직무수행능력)
평가영역	• 직업기초능력과 직무수행능력의 하위영역
평가문항	• 예비근로자 및 근로자의 지식이나 활동을 측정하기 위한 측정가능하고 구체적인 문장
답변기재란	• 평가자가 평가문항을 읽고 평가대상자의 행동과 일치하는 정도에 직접 표기하는 부분
평가결과	• 기재한 답변을 합산하여 점수를 산출하고 해석

3-2. 채용·배치·승진체크리스트

목적 : ☐ 채용 ☐ 배치 ☐ 승진	사례관리 관리자

이 름:

직 위:

성 별:

특이사항:

[직업기초능력]

평 가 영 역	평 가 문 항	매우 미흡	미흡	보통	우수	매우 우수
의사소통능력	업무를 수행함에 있어 다른 사람이 작성한 글을 읽고 그 내용을 이해하는 능력	①	②	③	④	⑤
	업무를 수행함에 있어 자기가 뜻한 바를 글로 나타내는 능력	①	②	③	④	⑤
	업무를 수행함에 있어 다른 사람의 말을 듣고 그 내용을 이해하는 능력	①	②	③	④	⑤
	업무를 수행함에 있어 자기가 뜻한 바를 말로 나타내는 능력	①	②	③	④	⑤
문제해결능력	업무와 관련된 문제를 인식하고 해결함에 있어 창조적, 논리적, 비판적으로 생각하는 능력	①	②	③	④	⑤
	업무와 관련된 문제의 특성을 파악하고, 대안을 제시, 적용하고 그 결과를 평가하여 피드백하는 능력	①	②	③	④	⑤
자기개발능력	자신의 흥미, 적성, 특성 등을 이해하고, 이를 바탕으로 자신에게 필요한 것을 이해하는 능력	①	②	③	④	⑤
	업무에 필요한 자질을 지닐 수 있도록 스스로를 관리하는 능력	①	②	③	④	⑤
	끊임없는 자기 개발을 위해서 동기를 갖고 학습하는 능력	①	②	③	④	⑤
자원관리능력	업무수행에 필요한 시간자원이 얼마나 필요한지를 확인하고, 이용 가능한 시간자원을 최대한 수집하여 실제 업무에 어떻게 활용할 것인지를 계획하고 할당하는 능력	①	②	③	④	⑤
	업무수행에 필요한 자본자원이 얼마나 필요한지를 확인하고, 이용 가능한 자본자원을 최대한 수집하여 실제 업무에 어떻게 활용할 것인지를 계획하고, 할당하는 능력	①	②	③	④	⑤
	업무수행에 필요한 재료 및 시설자원이 얼마나 필요한지를 확인하고, 이용 가능한 재료 및 시설자원을 최대한 수집하여 실제 업무에 어떻게 활용할 것인지를 계	①	②	③	④	⑤

			매우 미흡	미흡	보통	우수	매우 우수
		획하고 할당하는 능력					
		업무수행에 필요한 인적자원이 얼마나 필요한지를 확인하고, 이용 가능한 인적자원을 최대한 수집하여 실제 업무에 어떻게 활용할 것인지를 계획하고, 할당하는 능력	①	②	③	④	⑤
대인관계능력		다양한 배경을 가진 사람들과 함께 업무를 수행하는 능력	①	②	③	④	⑤
		업무를 수행함에 있어 다른 사람을 이끄는 능력	①	②	③	④	⑤
		업무를 수행함에 있어 관련된 사람들 사이에 갈등이 발생하였을 경우 이를 원만히 조절하는 능력	①	②	③	④	⑤
		업무를 수행함에 있어 다른 사람과 협상하는 능력	①	②	③	④	⑤
		고객의 요구를 만족시키는 자세로 업무를 수행하는 능력	①	②	③	④	⑤
정보능력		업무와 관련된 정보를 수집, 분석, 조직, 관리, 활용하는데 있어 컴퓨터를 사용하는 능력	①	②	③	④	⑤
		업무와 관련된 정보를 수집하고, 이를 분석하여 의미 있는 정보를 찾아내며, 의미 있는 정보를 업무수행에 적절하도록 조직하고, 조직된 정보를 관리하며, 업무수행에 이러한 정보를 활용하는 능력	①	②	③	④	⑤
조직이해능력		업무 수행과 관련하여 조직의 체제를 올바르게 이해하는 능력	①	②	③	④	⑤
		사업이나 조직의 경영에 대해 이해하는 능력	①	②	③	④	⑤
		조직의 업무를 이해하는 능력	①	②	③	④	⑤

[직무수행능력]

평 가 영 역		평 가 문 항	매우 미흡	미흡	보통	우수	매우 우수
사례 관리 내부 운영 체계 구축	사례관리 조직 구성하기	・ 사례관리에 대한 조직유형 분석을 통해 조직체계를 구성할 수 있다.	①	②	③	④	⑤
		・ 사례관리업무의 효율적인 진행을 위하여 조직 내 사례관리팀을 구성할 수 있다.	①	②	③	④	⑤
		・ 조직된 사례관리 팀 내부의 역할분장을 할 수 있다.	①	②	③	④	⑤
	사례관리 지침 만들기	・ 사례관리를 위한 운영규정을 제정・개정할 수 있다.	①	②	③	④	⑤
		・ 조직 내에서 효과적인 사례관리 수행을 위한 매뉴얼을 만들 수 있다.	①	②	③	④	⑤
		・ 조직에서 효과적으로 운영할 수 있는 사례관리 양식을 개발할 수 있다.	①	②	③	④	⑤
	데이터 관리하기	・ 사례관리 실천 과정에 따른 제반 문서에 객관적으로 기술할 수 있다.	①	②	③	④	⑤
		・ 사례관리 과정에 활용하기 위하여 지역사회자원을 목록화할 수 있다.	①	②	③	④	⑤
		・ 사례관리에 관련된 개별 파일을 사례유형별로 구분하여 보관할 수 있다.	①	②	③	④	⑤
	슈퍼비전 체계 만들기	・ 사례관리 과정을 지원할 수 있는 내부・외부 슈퍼비전 체계를 구축할 수 있다.	①	②	③	④	⑤
		・ 사례관리 과정에서 필요한 슈퍼비전을 내부・외부에	①	②	③	④	⑤

		요청할 수 있다.					
		· 슈퍼비전의 내용을 체계적으로 기록할 수 있다.	①	②	③	④	⑤
		· 슈퍼비전의 내용을 사례관리 과정에 적용할 수 있다.	①	②	③	④	⑤
	사례관리자 교육체계 만들기	· 사례관리의 품질 향상을 위하여 사례관리자에 대한 교육 계획을 수립할 수 있다.	①	②	③	④	⑤
		· 계획에 따라 사례관리자에 대한 교육을 진행할 수 있다.	①	②	③	④	⑤
		· 교육결과에 대한 평가를 차기 교육에 반영할 수 있다.	①	②	③	④	⑤

[평가결과]

영 역	점 수
직업기초능력	영역별 점수 합산
직무수행능력	영역별 점수 합산
합 계	점수 합계

목적 : □ 채용 □ 배치 □ 승진	사례관리 전문가

이 름:

직 위:

성 별:

특이사항:

[직업기초능력]

평 가 영 역	평 가 문 항	매우 미흡	미흡	보통	우수	매우 우수
의사소통능력	업무를 수행함에 있어 다른 사람이 작성한 글을 읽고 그 내용을 이해하는 능력	①	②	③	④	⑤
	업무를 수행함에 있어 자기가 뜻한 바를 글로 나타내는 능력	①	②	③	④	⑤
	업무를 수행함에 있어 다른 사람의 말을 듣고 그 내용을 이해하는 능력	①	②	③	④	⑤
	업무를 수행함에 있어 자기가 뜻한 바를 말로 나타내는 능력	①	②	③	④	⑤
수리능력	업무를 수행함에 있어 기초적인 사칙연산과 계산을 하는 능력	①	②	③	④	⑤
	업무를 수행함에 있어 필요한 기초 수준의 백분율, 평균, 확률과 같은 통계 능력	①	②	③	④	⑤
	업무를 수행함에 있어 도표(그림, 표, 그래프 등)가 갖는 의미를 해석하는 능력	①	②	③	④	⑤
	업무를 수행함에 있어 필요한 도표(그림, 표, 그래프 등)를 작성하는 능력	①	②	③	④	⑤
문제해결능력	업무와 관련된 문제를 인식하고 해결함에 있어 창조적, 논리적, 비판적으로 생각하는 능력	①	②	③	④	⑤
	업무와 관련된 문제의 특성을 파악하고, 대안을 제시, 적용하고 그 결과를 평가하여 피드백하는 능력	①	②	③	④	⑤
자원관리능력	업무수행에 필요한 시간자원이 얼마나 필요한지를 확인하고, 이용 가능한 시간자원을 최대한 수집하여 실제 업무에 어떻게 활용할 것인지를 계획하고 할당하는 능력	①	②	③	④	⑤
	업무수행에 필요한 자본자원이 얼마나 필요한지를 확인하고, 이용 가능한 자본자원을 최대한 수집하여 실제 업무에 어떻게 활용할 것인지를 계획하고, 할당하는 능력	①	②	③	④	⑤
	업무수행에 필요한 재료 및 시설자원이 얼마나 필요한지를 확인하고, 이용 가능한 재료 및 시설자원을 최대한 수집하여 실제 업무에 어떻게 활용할 것인지를 계획하고 할당하는 능력	①	②	③	④	⑤
	업무수행에 필요한 인적자원이 얼마나 필요한지를 확	①	②	③	④	⑤

	평 가 영 역	평 가 문 항					
		인하고, 이용 가능한 인적자원을 최대한 수집하여 실제 업무에 어떻게 활용할 것인지를 계획하고, 할당하는 능력					
	대인관계능력	다양한 배경을 가진 사람들과 함께 업무를 수행하는 능력	①	②	③	④	⑤
		업무를 수행함에 있어 다른 사람을 이끄는 능력	①	②	③	④	⑤
		업무를 수행함에 있어 관련된 사람들 사이에 갈등이 발생하였을 경우 이를 원만히 조절하는 능력	①	②	③	④	⑤
		업무를 수행함에 있어 다른 사람과 협상하는 능력	①	②	③	④	⑤
		고객의 요구를 만족시키는 자세로 업무를 수행하는 능력	①	②	③	④	⑤
	정보능력	업무와 관련된 정보를 수집, 분석, 조직, 관리, 활용하는데 있어 컴퓨터를 사용하는 능력	①	②	③	④	⑤
		업무와 관련된 정보를 수집하고, 이를 분석하여 의미 있는 정보를 찾아내며, 의미 있는 정보를 업무수행에 적절하도록 조직하고, 조직된 정보를 관리하며, 업무수행에 이러한 정보를 활용하는 능력	①	②	③	④	⑤
	기술능력	업무 수행에 필요한 기술적 원리를 올바르게 이해하는 능력	①	②	③	④	⑤
		도구, 장치를 포함하여 업무 수행에 필요한 기술을 선택하는 능력	①	②	③	④	⑤
		업무 수행에 필요한 기술을 업무 수행에 실제로 적용하는 능력	①	②	③	④	⑤
	직업윤리	업무에 대한 존중을 바탕으로 근면하고 성실하고 정직하게 업무에 임하는 자세	①	②	③	④	⑤
		인간 존중을 바탕으로 봉사하며, 책임있고, 규칙을 준수하며 예의 바른 태도로 업무에 임하는 자세	①	②	③	④	⑤

[직무수행능력]

평 가 영 역		평 가 문 항	매우 미흡	미흡	보통	우수	매우 우수
사례 관리 외부 운영 체계 구축	클라이언트 발굴·의뢰체 계 개발하기	· 사례 발굴·의뢰 체계를 조직하기 위한 계획을 수립할 수 있다.	①	②	③	④	⑤
		· 사례 발굴·의뢰 체계 개발을 위하여 협력기관을 설득할 수 있다.	①	②	③	④	⑤
		· 사례 발굴·의뢰 체계와 공식적 협약을 체결할 수 있다.	①	②	③	④	⑤
	지역사회 자원연계 체계 개발하기	· 사례관리 대상에게 필요한 자원 목록을 범주별로 정리할 수 있다.	①	②	③	④	⑤
		· 지역사회자원조사를 통해 가용 자원의 목록을 작성할 수 있다.	①	②	③	④	⑤
		· 클라이언트의 욕구가 발생되었을 때 즉시 자원 연계와 협력이 이루어질 수 있는 실질적 협약관계를 맺을 수 있다.	①	②	③	④	⑤
	지역사회 자원연계 체계	· 사례관리에 필요한 지역사회의 자원연계 회의 체계를 조직할 수 있다.	①	②	③	④	⑤
		· 사례관리계획표에 지역사회 자원의 명확한 역할을 규	①	②	③	④	⑤

			①	②	③	④	⑤
	관리하기	정하고 위임할 수 있다.					
		· 활용 가능한 외부체계와 관련된 자료를 정기적으로 업데이트할 수 있다.	①	②	③	④	⑤
사례 관리 통합적 욕구 사정	클라이언트 욕구 분석하기	· 질적, 양적 사례관리 사정도구를 활용하여 클라이언트가 중요하게 생각하는 욕구를 조사할 수 있다.	①	②	③	④	⑤
		· 클라이언트의 가족체계와 환경의 이해를 위하여 사정도구를 활용하여 욕구 목록을 작성할 수 있다.	①	②	③	④	⑤
		· 클라이언트의 신체, 심리, 사회, 경제적, 사회관계적 욕구의 우선순위를 정할 수 있다.	①	②	③	④	⑤
	클라이언트 자원정보 분석하기	· 클라이언트가 문제해결을 위해 사용하는 공식적·비공식적 자원의 목록을 만들 수 있다.	①	②	③	④	⑤
		· 클라이언트의 욕구를 해결하는 데 필요한 비공식적 자원과 지역사회 자원을 파악하여 자원계획을 수립할 수 있다.	①	②	③	④	⑤
		· 클라이언트와 외부자원을 서로 연결, 협상, 옹호해 줄 수 있다.	①	②	③	④	⑤
	클라이언트 강점찾기	· 클라이언트의 공식적, 비공식적 관계에서 사용된 성공적 경험을 욕구사정지에 서술할 수 있다.	①	②	③	④	⑤
		· 사례관리자가 파악한 클라이언트의 긍정적 요소를 목록화 할 수 있다.	①	②	③	④	⑤
		· 클라이언트와 사례관리자 간에 합의한 강점을 목록화 할 수 있다.	①	②	③	④	⑤
	클라이언트 장애물 파악하기	· 문제해결을 위한 자원과의 관계를 방해하는 클라이언트의 태도를 조사할 수 있다.	①	②	③	④	⑤
		· 문제해결을 위한 자원과의 관계를 방해하는 외부적 환경 요인을 조사할 수 있다.	①	②	③	④	⑤
		· 클라이언트와 외부환경과의 상호관계에서의 장애물을 조사할 수 있다.	①	②	③	④	⑤
사례 관리 실행 계획 수립	사례관리 목표 수립하기	· 클라이언트의 우선순위에 있는 욕구해결과정에 필요한 다양한 정보를 수집할 수 있다.	①	②	③	④	⑤
		· 수집된 정보와 클라이언트가 원하는 결과를 바탕으로 욕구해결의 방법을 계획할 수 있다.	①	②	③	④	⑤
		· 클라이언트에게 욕구해결의 계획을 설명하고, 합의를 바탕으로 사례관리 목표를 수립할 수 있다.	①	②	③	④	⑤
	사례관리 실행계획 전략수립 하기	· 사례관리 목표를 실행하기 위해 다양한 인적, 물적 자원에 대한 정보를 수집할 수 있다.	①	②	③	④	⑤
		· 수집된 정보를 바탕으로 욕구해결과정에 필요한 자원, 실천 방법을 목록화 할 수 있다.	①	②	③	④	⑤
		· 목록화된 내용을 활용하여 클라이언트와 함께 욕구해결의 우선순위를 결정할 수 있다.	①	②	③	④	⑤
		· 욕구해결 전략분석을 통하여 실행계획서를 작성할 수 있다.	①	②	③	④	⑤
	통합 사례회의 실행하기	· 사례회의에 필요한 회의 자료를 작성할 수 있다.	①	②	③	④	⑤
		· 사례관리팀과 관련 협력팀 간의 일정을 조정하여 사례회의를 개최할 수 있다.	①	②	③	④	⑤
		· 인테이크와 욕구사정과정에서 수집된 정보를 기반으로 클라이언트의 상황을 자원들에게 이해하도록 설명할 수 있다.	①	②	③	④	⑤
		· 클라이언트의 욕구 해결 방안을 모색하고 자원들이	①	②	③	④	⑤

			①	②	③	④	⑤
		역할을 분담할 수 있도록 조정하여 결과보고서를 작성할 수 있다.					
	자원 활용 계획하기	· 클라이언트의 욕구해결을 위한 필요한 자원을 목록화할 수 있다.	①	②	③	④	⑤
		· 목록화된 자원을 중심으로 클라이언트에게 필요한 자원활용 방법을 분석할 수 있다.	①	②	③	④	⑤
		· 분석된 자원활용 방법을 근거로 하여 클라이언트 문제욕구 과정에 필요한 자원을 설득하여 참여하도록 할 수 있다.	①	②	③	④	⑤
	클라이언트와 계약하기	· 클라이언트와 함께 해결해야 할 욕구에 대한 사례관리 실행계획을 확정할 수 있다.	①	②	③	④	⑤
		· 확정된 사례관리 실행계획에 대한 계약의 의미를 설명하고 동의를 얻을 수 있다.	①	②	③	④	⑤
		· 클라이언트의 동의를 얻은 사례관리 실행계획에 대한 계약서를 작성할 수 있다.	①	②	③	④	⑤
사례 관리 평가	사례관리 모니터링 하기	· 사례관리 목표에 근거한 진행정도, 클라이언트의 노력, 자원과의 상호작용을 점검할 수 있다.	①	②	③	④	⑤
		· 점검된 내용을 근거로 클라이언트의 욕구를 재사정할 수 있다.	①	②	③	④	⑤
		· 점검 상 나타난 문제의 해결대안을 파악하여 사례관리 실행계획표를 수정할 수 있다.	①	②	③	④	⑤
	목표 달성여부 확인하기	· 클라이언트와 함께 사례관리 초기의 수립된 계획과 실제적인 목표달성도를 비교할 수 있다.	①	②	③	④	⑤
		· 목표달성도를 평가하기 위해 질적 평가양식과 양적 평가양식을 작성할 수 있다.	①	②	③	④	⑤
		· 평가결과를 분석하여 클라이언트의 변화도를 조사할 수 있다.	①	②	③	④	⑤
	종결 상황 점검하기	· 클라이언트 변화와 성과를 확인하기 위하여 클라이언트의 문제해결 과정을 정리할 수 있다.	①	②	③	④	⑤
		· 사례관리의 종결에 따른 심리적 저항을 상담할 수 있다.	①	②	③	④	⑤
		· 성과 및 목표달성 정도에 따라 사례회의를 통하여 사례의 종결을 결정할 수 있다.	①	②	③	④	⑤

[평가결과]

영 역	점 수
직업기초능력	영역별 점수 합산
직무수행능력	영역별 점수 합산
합 계	점수 합계

목적 : ☐ 채용 ☐ 배치 ☐ 승진	사례관리 실무자

이　름 :

직　위 :

성　별 :

특이사항 :

[직업기초능력]

평 가 영 역	평 가 문 항	매우 미흡	미흡	보통	우수	매우 우수
의사소통능력	업무를 수행함에 있어 다른 사람이 작성한 글을 읽고 그 내용을 이해하는 능력	①	②	③	④	⑤
	업무를 수행함에 있어 자기가 뜻한 바를 글로 나타내는 능력	①	②	③	④	⑤
	업무를 수행함에 있어 다른 사람의 말을 듣고 그 내용을 이해하는 능력	①	②	③	④	⑤
	업무를 수행함에 있어 자기가 뜻한 바를 말로 나타내는 능력	①	②	③	④	⑤
문제해결능력	업무와 관련된 문제를 인식하고 해결함에 있어 창조적, 논리적, 비판적으로 생각하는 능력	①	②	③	④	⑤
	업무와 관련된 문제의 특성을 파악하고, 대안을 제시, 적용하고 그 결과를 평가하여 피드백하는 능력	①	②	③	④	⑤
자원관리능력	업무수행에 필요한 시간자원이 얼마나 필요한지를 확인하고, 이용 가능한 시간자원을 최대한 수집하여 실제 업무에 어떻게 활용할 것인지를 계획하고 할당하는 능력	①	②	③	④	⑤
	업무수행에 필요한 자본자원이 얼마나 필요한지를 확인하고, 이용 가능한 자본자원을 최대한 수집하여 실제 업무에 어떻게 활용할 것인지를 계획하고, 할당하는 능력	①	②	③	④	⑤
	업무수행에 필요한 재료 및 시설자원이 얼마나 필요한지를 확인하고, 이용 가능한 재료 및 시설자원을 최대한 수집하여 실제 업무에 어떻게 활용할 것인지를 계획하고 할당하는 능력	①	②	③	④	⑤
	업무수행에 필요한 인적자원이 얼마나 필요한지를 확인하고, 이용 가능한 인적자원을 최대한 수집하여 실제 업무에 어떻게 활용할 것인지를 계획하고, 할당하는 능력	①	②	③	④	⑤
대인관계능력	다양한 배경을 가진 사람들과 함께 업무를 수행하는 능력	①	②	③	④	⑤
	업무를 수행함에 있어 다른 사람을 이끄는 능력	①	②	③	④	⑤
	업무를 수행함에 있어 관련된 사람들 사이에 갈등이 발생하였을 경우 이를 원만히 조절하는 능력	①	②	③	④	⑤

			매우미흡	미흡	보통	우수	매우우수
		업무를 수행함에 있어 다른 사람과 협상하는 능력	①	②	③	④	⑤
		고객의 요구를 만족시키는 자세로 업무를 수행하는 능력	①	②	③	④	⑤
	정보능력	업무와 관련된 정보를 수집, 분석, 조직, 관리, 활용하는데 있어 컴퓨터를 사용하는 능력	①	②	③	④	⑤
		업무와 관련된 정보를 수집하고, 이를 분석하여 의미 있는 정보를 찾아내며, 의미 있는 정보를 업무수행에 적절하도록 조직하고, 조직된 정보를 관리하며, 업무수행에 이러한 정보를 활용하는 능력	①	②	③	④	⑤
	기술능력	업무 수행에 필요한 기술적 원리를 올바르게 이해하는 능력	①	②	③	④	⑤
		도구, 장치를 포함하여 업무 수행에 필요한 기술을 선택하는 능력	①	②	③	④	⑤
		업무 수행에 필요한 기술을 업무 수행에 실제로 적용하는 능력	①	②	③	④	⑤
	조직이해능력	업무 수행과 관련하여 조직의 체제를 올바르게 이해하는 능력	①	②	③	④	⑤
		사업이나 조직의 경영에 대해 이해하는 능력	①	②	③	④	⑤
		조직의 업무를 이해하는 능력	①	②	③	④	⑤
	직업윤리	업무에 대한 존중을 바탕으로 근면하고 성실하고 정직하게 업무에 임하는 자세	①	②	③	④	⑤
		인간 존중을 바탕으로 봉사하며, 책임있고, 규칙을 준수하며 예의 바른 태도로 업무에 임하는 자세	①	②	③	④	⑤

[직무수행능력]

평 가 영 역		평 가 문 항	매우미흡	미흡	보통	우수	매우우수
사회복지사례관리인테이크	사례관리 설명하기	· 사례관리의 필요성이 있는 클라이언트에게 사례관리의 내용과정을 설명할 수 있다.	①	②	③	④	⑤
		· 사례관리 과정 참여로 발생하는 권리와 의무에 대해 안내할 수 있다.	①	②	③	④	⑤
		· 클라이언트가 사례관리 참여 여부를 결정하도록 지원할 수 있다.	①	②	③	④	⑤
	클라이언트 일반적 상황 파악하기	· 사례관리 초기면접지를 활용하여 클라이언트의 상황을 조사할 수 있다.	①	②	③	④	⑤
		· 클라이언트의 가족력, 가계도를 통해 정보를 수집할 수 있다.	①	②	③	④	⑤
		· 클라이언트의 생태도를 통해 정보를 수집할 수 있다.	①	②	③	④	⑤
	클라이언트의 제시된 욕구 파악하기	· 초기면접 내용을 바탕으로 클라이언트가 가진 문제를 진단할 수 있다.	①	②	③	④	⑤
		· 초기면접 내용을 바탕으로 클라이언트가 충족하고자 하는 욕구를 진단할 수 있다.	①	②	③	④	⑤
		· 클라이언트가 가진 문제와 욕구에 따라 우선순위를 분류할 수 있다.	①	②	③	④	⑤
	클라이언트 선정하기	· 사례관리 선정 기준표를 활용하여 사례관리자의 종합의견을 기술할 수 있다.	①	②	③	④	⑤

			①	②	③	④	⑤
		· 사례회의에 상정하여 사례관리 대상 여부를 결정할 수 있다.	①	②	③	④	⑤
		· 부적합 사례에 대하여 타 기관에 의뢰, 단위 서비스, 부적합판정 사유에 대해 설명할 수 있다.	①	②	③	④	⑤
사례 관리 직접 실천	클라이언트의 내적 장애물 상담하기	· 모니터링을 통해 클라이언트의 문제해결에 장애가 되는 개인 심리 내적 요인을 파악할 수 있다.	①	②	③	④	⑤
		· 발견된 내적장애물이 어떤 영향을 미치고 있는지 통찰하도록 돕는다.	①	②	③	④	⑤
		· 분석된 내용을 근거로 클라이언트와 해결방안을 함께 합의하여 결정할 수 있다.	①	②	③	④	⑤
		· 합의된 해결방안에 따라 지속적 가정방문, 정기적 만남을 통한 상담, 집단가족활동을 진행할 수 있다.	①	②	③	④	⑤
	클라이언트 긴급상황 개입하기	· 클라이언트의 위기상황에 대한 객관적 정보를 수집하여 신속하게 사정할 수 있다.	①	②	③	④	⑤
		· 필요에 따라 위기상황 해결을 위한 긴급 솔루션회의를 개최할 수 있다.	①	②	③	④	⑤
		· 긴급한 상황 대처에 따른 적절한 기관의 정보를 활용하여 신속한 자원배치를 할 수 있다.	①	②	③	④	⑤
	클라이언트 문제해결 역량 강화하기	· 클라이언트의 문제해결을 위해 다양한 정보제공을 할 수 있다.	①	②	③	④	⑤
		· 클라이언트에게 직접적으로 교육할 필요가 있을 경우 교육과정을 개발·진행·평가 할 수 있다.	①	②	③	④	⑤
		· 클라이언트가 문제해결 과정에서 스스로 강점을 발견하고 자신감을 얻을 수 있도록 지지할 수 있다.	①	②	③	④	⑤
		· 클라이언트의 강점을 문제해결의 내적자원으로 활용할 수 있다.	①	②	③	④	⑤
사례 관리 간접 실천	자원 접근성 높이기	· 클라이언트의 욕구에 기반하여 지역사회 내 잠재된 인적·물적 자원을 온·오프라인을 통해 발굴할 수 있다.	①	②	③	④	⑤
		· 발굴된 자료를 기반으로 활용 가능한 자원 목록을 작성할 수 있다.	①	②	③	④	⑤
		· 클라이언트와 협의 하에 의뢰서를 작성하여 해당 자원에 연계할 수 있다.	①	②	③	④	⑤
	자원과 클라이언트의 상호작용 촉진하기	· 클라이언트에게 지원되는 자원, 서비스 제공 빈도가 높은 자원과 협약서를 체결할 수 있다.	①	②	③	④	⑤
		· 지원 내용의 적절성, 자원 참여의 지속성을 유지하기 위하여 정기적으로 모니터링 할 수 있다.	①	②	③	④	⑤
		· 클라이언트 욕구 중심의 서비스를 지원하기 위해 클라이언트와의 협의 하에 자원의 내용과 제공 수준을 조정할 수 있다.	①	②	③	④	⑤
	지역사회 자원 지원하기	· 클라이언트에 대한 정보를 제공함으로써 자원의 서비스 역량을 강화할 수 있다.	①	②	③	④	⑤
		· 정기적인 교육·간담회를 실시하여 자원들의 협력동기부여, 의사소통의 기회를 제공할 수 있다.	①	②	③	④	⑤
		· 문제해결 과정에서 발생하는 어려움에 대한 대안을 마련할 수 있다.	①	②	③	④	⑤
사례 관리 종결	종결보고서 작성하기	· 종결보고서 작성에 필요한 자료를 수집·정리할 수 있다.	①	②	③	④	⑤
		· 사례관리 과정에서 수집된 자료를 기반으로 종결사유, 제공된 서비스, 전체적 변화와 성장, 사례관리자의	①	②	③	④	⑤

		의견을 보고서로 작성할 수 있다.					
		· 사례관리 과정에서 관계된 자원들에게 사례종결에 따른 결과를 통보할 수 있다.	①	②	③	④	⑤
	사후관리 계획 수립하기	· 사례종결 후 (재)개입의 필요성을 판단할 수 있다.	①	②	③	④	⑤
		· 사례별 종결 이후 필요한 서비스를 계획할 수 있다.	①	②	③	④	⑤
		· 클라이언트와 종결 이후의 과정을 합의할 수 있다.	①	②	③	④	⑤
	사후관리 하기	· 클라이언트가 종결 이후의 상황을 유지·개선하도록 지지할 수 있다.	①	②	③	④	⑤
		· 클라이언트의 외부체계를 활용하여 문제의 재발을 모니터링 할 수 있다.	①	②	③	④	⑤
		· 문제 상황 발생 시 사정을 통하여 재개입하거나 타 기관에 의뢰할 수 있다.	①	②	③	④	⑤

[평가결과]

영 역	점 수
직업기초능력	영역별 점수 합산
직무수행능력	영역별 점수 합산
합 계	점수 합계

4 ▸ 자가진단도구

4-1. 자가진단도구 개요

○ 개념 : 업무를 성공적으로 수행하는데 요구되는 능력과 근로자 자신의 보유 능력을 비교·점검해 볼 수 있는 도구

○ 구성요소 : ① 번호체계, ② 진단항목, ③ 지시문, ④ 진단영역, ⑤ 진단문항, ⑥ 답변기재란, ⑦ 진단결과로 구성

【 자가진단도구의 구성요소 】

구 성 요 소	세 부 내 용
번호체계	• 직업능력 자가진단도구를 분류하기 위하여 직업능력별로 부여된 번호
진단항목	• 진단하고자 하는 직업능력명
지시문	• 진단문항을 읽고 답변을 기재하는 방법에 대한 안내문
진단영역	• 진단하고자 하는 직업능력을 구성하는 하위영역과 세부영역
진단문항	• 근로자(응답자)의 지식이나 활동을 측정하기 위한 측정가능하고 구체적인 문장
답변기재란	• 근로자(응답자)가 진단문항을 읽고 자신의 상황이나 생각과 일치하는 정도에 직접 표기하는 부분
진단결과	• 기재한 답변을 합산하여 점수를 산출하고 해석

0701020401_14v2			사회복지사례관리 외부운영체계 구축		

진단영역	진 단 문 항	매우 미흡	미흡	보통	우수	매우 우수
클라이언 트 발굴·의뢰 체계 개발하기	1. 사례 발굴·의뢰 체계를 조직하기 위한 계획을 수립할 수 있다.	①	②	③	④	⑤
	2. 사례 발굴·의뢰 체계 개발을 위하여 협력기관을 설득할 수 있다.	①	②	③	④	⑤
	3. 사례 발굴·의뢰 체계와 공식적 협약을 체결할 수 있다.	①	②	③	④	⑤
지역사회 자원연계 체계 개발하기	1. 사례관리 대상에게 필요한 자원 목록을 범주별로 정리할 수 있다.	①	②	③	④	⑤
	2. 지역사회자원조사를 통해 가용 자원의 목록을 작성할 수 있다.	①	②	③	④	⑤
	3. 지역사회자원조사를 통해 가용 자원의 목록을 작성할 수 있다.	①	②	③	④	⑤
지역사회 자원연계 체계 관리하기	1. 사례관리에 필요한 지역사회의 자원연계 회의 체계를 조직할 수 있다.	①	②	③	④	⑤
	2. 사례관리계획표에 지역사회 자원의 명확한 역할을 규정하고 위임할 수 있다.	①	②	③	④	⑤
	3. 활용 가능한 외부체계와 관련된 자료를 정기적으로 업데이트할 수 있다.	①	②	③	④	⑤

[진단결과]

진단영역	문항 수	점 수	점수 ÷ 문항 수
클라이언트 발굴·의뢰체계 개발하기	3		
지역사회 자원연계 체계 개발하기	3		
지역사회 자원연계 체계 관리하기	3		
합 계	9		

☞ 자신의 점수를 문항 수로 나눈 값이 '3점' 이하에 해당하는 영역은 업무를 성공적으로 수행하는데 요
구는 능력이 부족한 것으로 교육훈련이나 개인학습을 통한 개발이 필요함.

진단영역	진 단 문 항	매우 미흡	미흡	보통	우수	매우 우수
사례관리 조직 구성하기	1. 사례관리에 대한 조직유형 분석을 통해 조직체계를 구성할 수 있다.	①	②	③	④	⑤
	2. 사례관리업무의 효율적인 진행을 위하여 조직 내 사례관리팀을 구성할 수 있다.	①	②	③	④	⑤
	3. 조직된 사례관리팀 내부의 역할분장을 할 수 있다.	①	②	③	④	⑤
사례관리 지침 만들기	1. 사례관리를 위한 운영규정을 제정·개정할 수 있다.	①	②	③	④	⑤
	2. 조직 내에서 효과적인 사례관리 수행을 위한 매뉴얼을 만들 수 있다.	①	②	③	④	⑤
	3. 조직에서 효과적으로 운영할 수 있는 사례관리 양식을 개발할 수 있다.	①	②	③	④	⑤
데이터 관리하기	1. 사례관리 실천 과정에 따른 제반 문서에 객관적으로 기술할 수 있다.	①	②	③	④	⑤
	2. 사례관리 과정에 활용하기 위하여 지역사회자원을 목록화할 수 있다.	①	②	③	④	⑤
	3. 사례관리에 관련된 개별 파일을 사례유형별로 구분하여 보관할 수 있다.	①	②	③	④	⑤
슈퍼비전 체계 만들기	1. 사례관리 과정을 지원할 수 있는 내부·외부 슈퍼비전 체계를 구축할 수 있다.	①	②	③	④	⑤
	2. 사례관리 과정에서 필요한 슈퍼비전을 내부·외부에 요청할 수 있다.	①	②	③	④	⑤
	3. 슈퍼비전의 내용을 체계적으로 기록할 수 있다.	①	②	③	④	⑤
	4. 슈퍼비전의 내용을 사례관리 과정에 적용할 수 있다.	①	②	③	④	⑤
사례 관리자 교육체계 만들기	1. 사례관리의 품질 향상을 위하여 사례관리자에 대한 교육 계획을 수립할 수 있다.	①	②	③	④	⑤
	2. 계획에 따라 사례관리자에 대한 교육을 진행할 수 있다.	①	②	③	④	⑤
	3. 교육결과에 대한 평가를 차기 교육에 반영할 수 있다.	①	②	③	④	⑤

[진단결과]

진단영역	문항 수	점 수	점수 ÷ 문항 수
사례관리 조직 구성하기	3		
사례관리 지침 만들기	3		
데이터 관리하기	3		
슈퍼비전 체계 만들기	4		
사례관리자 교육체계 만들기	3		
합 계	16		

☞ 자신의 점수를 문항 수로 나눈 값이 '3점' 이하에 해당하는 영역은 업무를 성공적으로 수행하는데 요구는 능력이 부족한 것으로 교육훈련이나 개인학습을 통한 개발이 필요함.

0701020403_14v2		사회복지사례관리 인테이크

진단영역	진 단 문 항	매우 미흡	미흡	보통	우수	매우 우수
사례관리 설명하기	1. 사례관리의 필요성이 있는 클라이언트에게 사례관리의 내용·과정을 설명할 수 있다.	①	②	③	④	⑤
	2. 사례관리 과정 참여로 발생하는 권리와 의무에 대해 안내할 수 있다.	①	②	③	④	⑤
	3 클라이언트가 사례관리 참여 여부를 결정하도록 지원할 수 있다.	①	②	③	④	⑤
클라이언트 일반적 상황 파악하기	1. 사례관리 초기면접지를 활용하여 클라이언트의 상황을 조사할 수 있다.	①	②	③	④	⑤
	2. 클라이언트의 가족력, 가계도를 통해 정보를 수집할 수 있다.	①	②	③	④	⑤
	3. 클라이언트의 생태도를 통해 정보를 수집할 수 있다.	①	②	③	④	⑤
클라이언트의 제시된 욕구 파악하기	1. 초기면접 내용을 바탕으로 클라이언트가 가진 문제를 진단할 수 있다.	①	②	③	④	⑤
	2. 초기면접 내용을 바탕으로 클라이언트가 충족하고자 하는 욕구를 진단할 수 있다.	①	②	③	④	⑤
	3 클라이언트가 가진 문제와 욕구에 따라 우선순위를 분류할 수 있다.	①	②	③	④	⑤
클라이언트 선정하기	1. 사례관리 선정 기준표를 활용하여 사례관리자의 종합 의견을 기술할 수 있다.	①	②	③	④	⑤
	2. 사례회의에 상정하여 사례관리 대상 여부를 결정할 수 있다.	①	②	③	④	⑤
	3 부적합 사례에 대하여 타 기관에 의뢰, 단위서비스, 부적합판정 사유에 대해 설명할 수 있다.	①	②	③	④	⑤

[진단결과]

진단영역	문항 수	점 수	점수 ÷ 문항 수
사례관리 설명하기	3		
클라이언트 일반적 상황 파악하기	3		
클라이언트의 제시된 욕구 파악하기	3		
클라이언트 선정하기	3		
합 계	12		

☞ 자신의 점수를 문항 수로 나눈 값이 '3점' 이하에 해당하는 영역은 업무를 성공적으로 수행하는데 요구는 능력이 부족한 것으로 교육훈련이나 개인학습을 통한 개발이 필요함.

| | 0701020404_14v2 | | | 사회복지사례관리 통합적 욕구 사정 | | |

진단영역	진 단 문 항	매우 미흡	미흡	보통	우수	매우 우수
클라이언트 욕구 분석하기	1. 질적, 양적 사례관리 사정도구를 활용하여 클라이언트가 중요하게 생각하는 욕구를 조사할 수 있다.	①	②	③	④	⑤
	2. 클라이언트의 가족체계와 환경의 이해를 위하여 사정도구를 활용하여 욕구 목록을 작성할 수 있다.	①	②	③	④	⑤
	3. 클라이언트의 신체, 심리, 사회, 경제적, 사회관계적 욕구의 우선순위를 정할 수 있다.	①	②	③	④	⑤
클라이언트 자원정보 분석하기	1. 클라이언트가 문제해결을 위해 사용하는 공식적·비공식적 자원의 목록을 만들 수 있다.	①	②	③	④	⑤
	2. 클라이언트의 욕구를 해결하는 데 필요한 비공식적 자원과 지역사회 자원을 파악하여 자원계획을 수립할 수 있다.	①	②	③	④	⑤
	3. 클라이언트와 외부자원을 서로 연결, 협상, 옹호해 줄 수 있다.	①	②	③	④	⑤
클라이언트 강점찾기	1. 클라이언트의 공식적, 비공식적 관계에서 사용된 성공적 경험을 욕구사정지에 서술할 수 있다.	①	②	③	④	⑤
	2. 사례관리자가 파악한 클라이언트의 긍정적 요소를 목록화 할 수 있다.	①	②	③	④	⑤
	3. 클라이언트와 사례관리자 간에 합의한 강점을 목록화 할 수 있다.	①	②	③	④	⑤
클라이언트 장애물 파악하기	1. 문제해결을 위한 자원과의 관계를 방해하는 클라이언트의 태도를 조사할 수 있다.	①	②	③	④	⑤
	2. 문제해결을 위한 자원과의 관계를 방해하는 외부적 환경 요인을 조사할 수 있다.	①	②	③	④	⑤
	3. 클라이언트와 외부환경과의 상호관계에서의 장애물을 조사할 수 있다.	①	②	③	④	⑤

[진단결과]

진단영역	문항 수	점 수	점수 ÷ 문항 수
클라이언트 욕구 분석하기	3		
클라이언트 자원정보 분석하기	3		
클라이언트 강점찾기	3		
클라이언트 장애물 파악하기	3		
합 계	12		

☞ 자신의 점수를 문항 수로 나눈 값이 '3점' 이하에 해당하는 영역은 업무를 성공적으로 수행하는데 요구는 능력이 부족한 것으로 교육훈련이나 개인학습을 통한 개발이 필요함.

진단영역	진 단 문 항	매우 미흡	미흡	보통	우수	매우 우수
사례관리 목표 수립	1. 클라이언트의 우선순위에 있는 욕구해결과 정에 필요한 다양한 정보를 수집할 수 있다.	①	②	③	④	⑤
	2. 수집된 정보와 클라이언트가 원하는 결과를 바탕으로 욕구해결의 방법을 계획할 수 있다.	①	②	③	④	⑤
	3. 클라이언트에게 욕구해결의 계획을 설명하고, 합의를 바탕으로 사례관리 목표를 수립할 수 있다.	①	②	③	④	⑤
사례관리 실행계획 전략수립 하기	1. 사례관리 목표를 실행하기 위해 다양한 인적, 물적 자원에 대한 정보를 수집할 수 있다.	①	②	③	④	⑤
	2. 사례관리 목표를 실행하기 위해 다양한 인적, 물적 자원에 대한 정보를 수집할 수 있다.	①	②	③	④	⑤
	3. 목록화된 내용을 활용하여 클라이언트와 함께 욕구해결의 우선순위를 결정할 수 있다.	①	②	③	④	⑤
	4. 욕구해결 전략분석을 통하여 실행계획서를 작성할 수 있다.	①	②	③	④	⑤
통합사례 회의 실행하기	1. 사례회의에 필요한 회의 자료를 작성할 수 있다.	①	②	③	④	⑤
	2. 사례관리팀과 관련 협력팀 간의 일정을 조정하여 사례회의를 개최할 수 있다.	①	②	③	④	⑤
	3. 인테이크와 욕구사정과정에서 수집된 정보를 기반으로 클라이언트의 상황을 자원들에게 이해하도록 설명할 수 있다.	①	②	③	④	⑤
	4. 클라이언트의 욕구 해결 방안을 모색하고 자원들이 역할을 분담할 수 있도록 조정하여 결과보고서를 작성할 수 있다.	①	②	③	④	⑤
자원 활용 계획하기	1. 클라이언트의 욕구해결을 위한 필요한 자원을 목록화할 수 있다.	①	②	③	④	⑤
	2. 목록화된 자원을 중심으로 클라이언트에게 필요한 자원활용 방법을 분석할 수 있다.	①	②	③	④	⑤
	3. 분석된 자원활용 방법을 근거로 하여 클라이언트 문제욕구 과정에 필요한 자원을 설득하여 참여하도록 할 수 있다.	①	②	③	④	⑤
클라이언 트와 계약하기	1. 클라이언트와 함께 해결해야 할 욕구에 대한 사례관리 실행계획을 확정할 수 있다.	①	②	③	④	⑤
	2. 확정된 사례관리 실행계획에 대한 계약의 의미를 설명하고 동의를 얻을 수 있다.	①	②	③	④	⑤
	3. 클라이언트의 동의를 얻은 사례관리 실행계획에 대한 계약서를 작성할 수 있다.	①	②	③	④	⑤

[진단결과]

진단영역	문항 수	점 수	점수 ÷ 문항 수
사례관리 목표 수립하기	3		
사례관리 실행계획 전략수립하기	4		
통합사례회의 실행하기	4		
자원 활용 계획하기	3		
클라이언트와 계약하기	3		
합 계	17		

☞ 자신의 점수를 문항 수로 나눈 값이 '3점' 이하에 해당하는 영역은 업무를 성공적으로 수행하는데 요구는 능력이 부족한 것으로 교육훈련이나 개인학습을 통한 개발이 필요함.

진단영역	진 단 문 항	매우 미흡	미흡	보통	우수	매우 우수
클라이언트 내적 장애물 상담하기	1. 모니터링을 통해 클라이언트의 문제해결에 장애가 되는 개인 심리 내적 요인을 파악할 수 있다.	①	②	③	④	⑤
	2. 모니터링을 통해 클라이언트의 문제해결에 장애가 되는 개인 심리 내적 요인을 파악할 수 있다.	①	②	③	④	⑤
	3. 분석된 내용을 근거로 클라이언트와 해결방안을 함께 합의하여 결정할 수 있다.	①	②	③	④	⑤
	4. 합의된 해결방안에 따라 지속적 가정방문, 정기적 만남을 통한 상담, 집단가족활동을 진행할 수 있다.	①	②	③	④	⑤
클라이언트 긴급상황 개입하기	1. 클라이언트의 위기상황에 대한 객관적 정보를 수집하여 신속하게 사정할 수 있다.	①	②	③	④	⑤
	2. 필요에 따라 위기상황 해결을 위한 긴급 솔루션회의를 개최할 수 있다.	①	②	③	④	⑤
	3. 긴급한 상황 대처에 따른 적절한 기관의 정보를 활용하여 신속한 자원배치를 할 수 있다.	①	②	③	④	⑤
클라이언트 문제해결 역량 강하기	1. 클라이언트의 문제해결을 위해 다양한 정보제공을 할 수 있다.	①	②	③	④	⑤
	2. 클라이언트에게 직접적으로 교육할 필요가 있을 경우 교육과정을 개발·진행·평가 할 수 있다.	①	②	③	④	⑤
	3. 클라이언트가 문제해결 과정에서 스스로 강점을 발견하고 자신감을 얻을 수 있도록 지지할 수 있다.	①	②	③	④	⑤
	4. 클라이언트의 강점을 문제해결의 내적자원으로 활용할 수 있다.	①	②	③	④	⑤

[진단결과]

진단영역	문항 수	점 수	점수 ÷ 문항 수
클라이언트 내적 장애물 상담하기	4		
클라이언트 긴급상황 개입하기	3		
클라이언트 문제해결 역량 강화하기	4		
합　계	11		

☞ 자신의 점수를 문항 수로 나눈 값이 '3점' 이하에 해당하는 영역은 업무를 성공적으로 수행하는데 요구는 능력이 부족한 것으로 교육훈련이나 개인학습을 통한 개발이 필요함.

진단영역	진단 문항	매우 미흡	미흡	보통	우수	매우 우수
자원 접근성 높이기	1. 클라이언트의 욕구에 기반하여 지역사회 내 잠재된 인적·물적 자원을 온·오프라인을 통해 발굴할 수 있다.	①	②	③	④	⑤
	2. 발굴된 자료를 기반으로 활용 가능한 자원 목록을 작성할 수 있다.	①	②	③	④	⑤
	3. 클라이언트와 협의 하에 의뢰서를 작성하여 해당 자원에 연계할 수 있다.	①	②	③	④	⑤
자원과 클라이언 트의 상호작용 촉진하기	1. 클라이언트에게 지원되는 자원, 서비스 제공 빈도가 높은 자원과 협약서를 체결할 수 있다.	①	②	③	④	⑤
	2. 지원 내용의 적절성, 자원 참여의 지속성을 유지하기 위하여 정기적으로 모니터링 할 수 있다.	①	②	③	④	⑤
	3. 지원 내용의 적절성, 자원 참여의 지속성을 유지하기 위하여 정기적으로 모니터링 할 수 있다.	①	②	③	④	⑤
지역사회 자원 지원하기	1. 클라이언트에 대한 정보를 제공함으로써 자원의 서비스 역량을 강화할 수 있다.	①	②	③	④	⑤
	2. 정기적인 교육·간담회를 실시하여 자원들의 협력동기부여, 의사소통의 기회를 제공할 수 있다.	①	②	③	④	⑤
	3. 문제해결 과정에서 발생하는 어려움에 대한 대안을 마련할 수 있다.	①	②	③	④	⑤

[진단결과]

진단영역	문항 수	점 수	점수 ÷ 문항 수
자원접근성 높이기	3		
자원과 클라이언트의 상호작용 촉진하기	3		
지역사회자원 지원하기	3		
합 계	9		

☞ 자신의 점수를 문항 수로 나눈 값이 '3점' 이하에 해당하는 영역은 업무를 성공적으로 수행하는데 요구는 능력이 부족한 것으로 교육훈련이나 개인학습을 통한 개발이 필요함.

| | 0701020408_14v2 | | 사회복지사례관리 평가 | | | |

진단영역	진 단 문 항	매우 미흡	미흡	보통	우수	매우 우수
사례관리 모니터링 하기	1. 사례관리 목표에 근거한 진행정도, 클라이언트의 노력, 자원과의 상호작용을 점검할 수 있다.	①	②	③	④	⑤
	2. 점검된 내용을 근거로 클라이언트의 욕구를 재사정할 수 있다.	①	②	③	④	⑤
	3. 점검 상 나타난 문제의 해결대안을 파악하여 사례관리 실행계획표를 수정할 수 있다.	①	②	③	④	⑤
목표 달성여부 확인하기	1. 클라이언트와 함께 사례관리 초기의 수립된 계획과 실제적인 목표달성도를 비교할 수 있다.	①	②	③	④	⑤
	2. 목표달성도를 평가하기 위해 질적 평가양식과 양적 평가양식을 작성할 수 있다.	①	②	③	④	⑤
	3. 평가결과를 분석하여 클라이언트의 변화도를 조사할 수 있다.	①	②	③	④	⑤
종결 상황 점검하기	1. 클라이언트 변화와 성과를 확인하기 위하여 클라이언트의 문제해결 과정을 정리할 수 있다.	①	②	③	④	⑤
	2. 사례관리의 종결에 따른 심리적 저항을 상담할 수 있다.	①	②	③	④	⑤
	3. 성과 및 목표달성 정도에 따라 사례회의를 통하여 사례의 종결을 결정할 수 있다.	①	②	③	④	⑤

[진단결과]

진단영역	문항 수	점 수	점수 ÷ 문항 수
사례관리 모니터링하기	3		
목표 달성여부 확인하기	3		
종결 상황 점검하기	3		
합 계	9		

☞ 자신의 점수를 문항 수로 나눈 값이 '3점' 이하에 해당하는 영역은 업무를 성공적으로 수행하는데 요구는 능력이 부족한 것으로 교육훈련이나 개인학습을 통한 개발이 필요함.

진단영역	진 단 문 항	매우 미흡	미흡	보통	우수	매우 우수
종결 보고서 작성하기	1. 종결보고서 작성에 필요한 자료를 수집·정리할 수 있다.	①	②	③	④	⑤
	2. 사례관리 과정에서 수집된 자료를 기반으로 종결사유, 제공된 서비스, 전체적 변화와 성장, 사례관리자의 의견을 보고서로 작성할 수 있다.	①	②	③	④	⑤
	3. 사례관리 과정에서 관계된 자원들에게 사례 종결에 따른 결과를 통보할 수 있다.	①	②	③	④	⑤
사후관리 계획 수립하기	1. 사례종결 후 (재)개입의 필요성을 판단할 수 있다.	①	②	③	④	⑤
	2. 사례별 종결 이후 필요한 서비스를 계획할 수 있다.	①	②	③	④	⑤
	3. 클라이언트와 종결 이후의 과정을 합의할 수 있다.	①	②	③	④	⑤
사후관리 하기	1. 클라이언트가 종결 이후의 상황을 유지·개선하도록 지지할 수 있다.	①	②	③	④	⑤
	2. 클라이언트의 외부체계를 활용하여 문제의 재발을 모니터링 할 수 있다.	①	②	③	④	⑤
	3. 문제 상황 발생 시 사정을 통하여 재개입하거나 타 기관에 의뢰할 수 있다.	①	②	③	④	⑤

[진단결과]

진단영역	문항 수	점 수	점수 ÷ 문항 수
사례관리 모니터링하기	3		
목표 달성여부 확인하기	3		
종결 상황 점검하기	3		
합 계	9		

☞ 자신의 점수를 문항 수로 나눈 값이 '3점' 이하에 해당하는 영역은 업무를 성공적으로 수행하는데 요구는 능력이 부족한 것으로 교육훈련이나 개인학습을 통한 개발이 필요함.

2 훈련기준

□ 개발목적
  ○ 체계적이고 효과적인 직업능력개발을 위하여 훈련의 대상이 되는 직종별로 훈련의 목표, 교과내용 및 시설·장비와 교사 등에 관한 훈련기준 개발(근로자 직업능력개발법 제38조)
    * 내용구성 : 훈련의 목표, 교과목 및 그 내용, 시설 및 장비, 훈련기간 및 훈련시간, 훈련방법, 훈련교사, 적용기간

□ 활용대상
  ○ 「근로자 직업능력개발법」에 따른 직업능력개발 훈련
  ○ 기타 직업교육훈련

□ 활용(예시)
  ○ 국가직무능력표준에 따라 제시한 능력단위별 훈련기준을 조합하여 훈련기준으로 활용

<방법 1> 훈련이수체계도에서 제시한 훈련과정/과목으로 편성

<자동차차체정비 훈련 예시>

훈련수준	훈련 모 듈		구 분
	표준 직무	명 칭	
1수준(정비사)	자동차차체정비	단품교환	필수
		방음방첨작업	

<방법 2> 훈련이수체계도에서 제시한 훈련과정/과목(필수)과 다른 직종의 훈련과정/과목(선택)으로 편성

자격종목	훈련 모 듈		구 분
	표준직무	명 칭	
1수준(정비사)	자동차차체정비	단품교환	필수
		방음방첨작업	
	자동차도장	건조작업	선택
		구도막제거작업	

I. 개 요

1. 직 종 명 : 사회복지사례관리
2. 직종 정의 : 복합적인 욕구를 스스로 해결하기에 취약한 클라이언트의 효율적 문제해결과 역량강화를 위하여 내적·외적 운영체계를 구축하고, 지역사회 자원들이 협력하여 직접·간접 실천을 수행하는 업무에 종사
3. 훈련이수체계(수준별 이수 과정/과목)

수준	직종	일상생활기능지원	사회복지면담	사회복지 프로그램운영	사회복지사례관리
8수준	최고 관리자				
7수준	상급 관리자				
6수준	중간 관리자			사회복지프로그램 자원개발 사회복지프로그램 평가	사회복지사례관리 내부운영체계 구축
5수준	초급 관리자	사회활동지원 일상생활 위험관리	가족상담 사회복지면담 슈퍼비전	사회복지프로그램 계획수립 사회복지프로그램 점검	사회복지사례관리 외부운영체계 구축 사회복지사례관리 통합적 욕구사정 사회복지사례관리 실행계획 수립 사회복지사례관리 평가
4수준	실무자	인지정서지원 가족관계지원 일상생활 서비스 기록관리	사회복지면담 초기면접 사회복지면담사정 개인상담 집단상담 사회복지면담 종결	사회복지프로그램 욕구조사 사회복지프로그램 실행 사회복지프로그램 종결	사회복지사례관리 인테이크 사회복지사례관리 직접실천 사회복지사례관리 간접실천 사회복지사례관리 종결
3수준	초급 실무자	신체활동지원 가사활동지원 건강지원	사회복지면담 기록관리	사회복지프로그램 홍보	
-		직업기초능력			

※ 해당직종(음영)의 훈련과정을 편성하는 경우 훈련과정별 목표에 부합한 수준으로 해당 직종에서 제시한 능력단위를 기준으로 과정/과목을 편성하고, 이외 직종의 능력단위를 훈련과정에 추가 편성하려는 경우 유사 직종의 동일 수준의 능력단위를 추가할 수 있음

4. 훈련시설

시설명＼훈련인원	기준인원	면 적	기준인원 초과 시 면적 적용	시 설 활용구분(공용/전용)
강 의 실	30명	60㎡	1명당 1.2㎡씩 추가(기준인원 면적의 1/30)	공 용
컴퓨터실	30명	60㎡	1명당 1.2㎡씩 추가(기준인원 면적의 1/30)	공 용
실 습 실	30명	60㎡	1명당 1.2㎡씩 추가(기준인원 면적의 1/30)	공 용

※ 훈련시설은 훈련과정/과목에 필요한 시설을 구축

5. 교 사

○ 「근로자직업능력 개발법」 제33조와 관련 규정에 따름

○ 교수

  - 「근로자직업능력개발법」 제 33조와 관련 규정에 따른 사회복지분야 사회복지사자격증 1급 자격 소지자

  - 사회복지학 분야 학사·석사·박사 학위 중 두 개 학위 이상 소지자

  - 고등교육법상 전문대학 이상에서 전임 강사 이상인 자

○ 실무자

  - 사회복지학 분야 학사학위 이상 소지자

  - 사회복지사 1급 자격취득 후 사회복지사업 현장 실무경력 7년 이상인 재직자

○ 공무원

  - 6급 이하 : 사회복지사 1급 자격 소지자로서 사회복지관련 업무 5년 이상인 자

  - 5급 이상 : 사회복지관련 분야 재직자

○ 기타 : 아래의 기준 등에 의해 한국사회복지사협회회장이 인정하는 자

  - 특정분야 전문가로서 관련업무 자격증 소지자(회계사, 세무사, 노무사, 변호사, 의사 등)

  - 특정분야 전문가로서 전임 강사 이상(심리학, 상담학, 행정학, 경영학 등)

  - 특정분야 전문가로서 관련분야 실무경력 7년 이상인 자

II. 훈련과정

○ 과정/과목명 : 직업기초능력

- 훈련개요

훈련목표	직업인으로서 갖추어야할 기본적인 소양을 함양
수 준	-
최소훈련시간	8시간
훈련가능시설	강의실
권장훈련방법	집체 또는 원격훈련

- 편성내용

단 원 명	학 습 내 용
의사소통능력	업무를 수행함에 있어 글과 말을 읽고 들음으로써 다른 사람이 뜻한 바를 파악하고, 자기가 뜻한 바를 글과 말을 통해 정확하게 쓰거나 말하는 능력함양
수리능력	업무를 수행함에 있어 사칙연산, 통계, 확률의 의미를 정확하게 이해하고 이를 업무에 적용하는 능력함양
문제해결능력	업무를 수행함에 있어 문제 상황이 발생하였을 경우, 창조적이고 논리적인 사고를 통하여 이를 올바르게 인식하고 적절히 해결하는 능력함양
자기개발능력	업무를 추진하는데 스스로를 관리하고 개발하는 능력함양
자원관리능력	업무를 수행하는데 시간, 자본, 재료 및 시설, 인적자원 등의 자원 가운데 무엇이 얼마나 필요한지를 확인하고, 이용 가능한 자원을 최대한 수집하여 실제 업무에 어떻게 활용할 것인지를 계획하고, 계획대로 업무 수행에 이를 할당하는 능력
대인관계능력	업무를 수행하는데 있어 접촉하게 되는 사람들과 문제를 일으키지 않고 원만하게 지내는 능력
정보능력	업무와 관련된 정보를 수집하고, 이를 분석하여 의미 있는 정보를 찾아내며, 의미 있는 정보를 업무수행에 적절하도록 조직하고, 조직된 정보를 관리하며, 업무 수행에 이러한 정보를 활용하고, 이러한 제 과정에 컴퓨터를 사용하는 능력함양
기술능력	업무를 수행함에 있어 도구, 장치 등을 포함하여 필요한 기술에는 어떠한 것들이 있는지 이해하고, 실제로 업무를 수행함에 있어 적절한 기술을 선택하여, 적용하는 능력함양
조직이해능력	업무를 원활하게 수행하기 위해 국제적인 추세를 포함하여 조직의 체제와 경영에 대해 이해하는 능력함양
직업윤리	업무를 수행함에 있어 원만한 직업생활을 위해 필요한 태도, 매너, 올바른 직업관 함양

○ 과정/과목명 : 0701020401_14v2 사회복지사례관리 외부운영체계 구축

- 훈련개요

훈련목표	사례관리를 수행하는데 필요한 대상자의 발굴과 의뢰체계, 지역사회 자원연계체계를 구축하는 능력을 함량
수 준	5
최소훈련시간	8시간
훈련가능시설	강의실
권장훈련방법	집체훈련

- 편성내용

단 원 명 (능력단위 요소명)	훈 련 내 용 (수행준거)	평가시 고려사항
클라이언트 발굴·의뢰 체계 개발하기	1.1 사례 발굴·의뢰 체계를 조직하기 위한 계획을 수립할 수 있다. 1.2 사례 발굴·의뢰 체계 개발을 위하여 협력기관을 설득할 수 있다. 1.3 사례 발굴·의뢰 체계와 공식적 협약을 체결할 수 있다.	- 평가자는 다음의 사항을 평가해야 한다. ● 발굴·의뢰체계 및 자원연계 자원연계체계의 협약 내용 ● 자원정보 유지관리 능력 ● 네트워크 조직 능력
지역사회 자원연계 체계 개발하기	2.1 사례관리 대상에게 필요한 자원 목록을 범주별로 정리할 수 있다. 2.2 지역사회자원조사를 통해 가용 자원의 목록을 작성할 수 있다. 2.3 클라이언트의 욕구가 발생되었을 때 즉시 자원 연계와 협력이 이루어질 수 있는 실질적 협약관계를 맺을 수 있다.	
지역사회 자원연계 체계 관리하기	3.1 사례관리에 필요한 지역사회의 자원연계 회의 체계를 조직할 수 있다. 3.2 사례관리계획표에 지역사회 자원의 명확한 역할을 규정하고 위임할 수 있다. 3.3 활용 가능한 외부체계와 관련된 자료를 정기적으로 업데이트할 수 있다.	

- 지식 . 기술 . 태도

구 분	주 요 내 용
지 식	○ 네트워크 이론 ○ 리더십이론 ○ 문제해결이론 ○ 사례관리이론(운영체계 이해) ○ 의사소통이론 ○ 자원의 개념과 범주 ○ 지역사회조직이론 ○ 네트워크 이론
기 술	○ 모금 기술 ○ 문서관리 기술 ○ 설득과 협상의 기술 ○ 자원정보유지관리기술 ○ 자원정보 관리 기술 ○ 중재, 옹호, 갈등조정, 서비스 조정기술 ○ 클라이언트 옹호 기술 ○ 프리젠테이션 기술 ○ 회의진행기술 ○ 후원자, 자원봉사자 지원기술 ○ 의사소통 기술
태 도	○ 대등한 관계를 유지하고 소통하는 태도 ○ 비밀보장 ○ 실무자와의 활발한 관계 형성 ○ 자원을 지원한다는 겸손한 태도 ○ 자원제공자들을 신뢰하고 전문성을 존중하는 태도 ○ 자원제공자의 능력을 존중하고 신뢰하는 태도 ○ 자원제공자의 입장과 참여의도를 알아차리고 중요시 여기는 태도 ○ 지역 내에 이미 만들어진 네트워크를 존중하고 참여하는 태도 ○ 지역사회 내에서 비공식 자원을 개발하고 역할을 확대하려는 태도 ○ 지역사회 네트워크에 적극 참여하는 태도 ○ 클라이언트 및 자원 옹호 ○ 클라이언트 수용 ○ 클라이언트를 위해 일하는 태도 ○ 협력을 통해 얻어진 성과나 이득을 공유하는 태도 ○ 협력적 태도

- 장비

장 비 명	단 위	활용구분(공용/전용)	1대당 활용인원
● 컴퓨터	대	공용	1
● 프린터	대	공용	-

※ 장비는 주장비만 제시한 것으로 그 외의 장비와 공구는 별도로 확보

- 재료

재 료 목 록
● 해당사항 없음

※ 재료는 주재료만 제시한 것으로 그 외의 재료는 별도로 확보

○ 과정/과목명 : 0701020402_14v2 사회복지사례관리 내부운영체계 구축

- 훈련개요

훈련목표	사례관리 전담조직구성, 사례관리 지침, 양식을 개발하여 공유하고, 운영관리 체계를 구축하는 능력을 함량
수 준	6
최소훈련시간	8시간
훈련가능시설	강의실
권장훈련방법	집체훈련

- 편성내용

단 원 명 (능력단위 요소명)	훈 련 내 용 (수행준거)	평가시 고려사항
사례관리 조직 구성하기	1.1 사례관리에 대한 조직유형 분석을 통해 조직체계를 구성할 수 있다. 1.2 사례관리업무의 효율적인 진행을 위하여 조직 내 사례관리팀을 구성할 수 있다. 1.3 조직된 사례관리 팀 내부의 역할분장을 할 수 있다.	- 평가자는 다음의 사항을 평가해야 한다. ● 사례관리 조직 분석 능력 ● 구성원에 대한 직무분석 능력 ● 규정ㆍ지침에 대한 분석 능력 ● 규정ㆍ지침 개정에 필요한 준비과정 ● 행정양식의 운용방법 ● 과정일지 작성 능력 ● 사회복지전산시스템 활용 능력
사례관리 지침 만들기	2.1 사례관리를 위한 운영규정을 제정ㆍ개정할 수 있다. 2.2 조직 내에서 효과적인 사례관리 수행을 위한 매뉴얼을 만들 수 있다. 2.3 조직에서 효과적으로 운영할 수 있는 사례관리 양식을 개발할 수 있다.	
데이터 관리하기	3.1 사례관리 실천 과정에 따른 제반 문서에 객관적으로 기술할 수 있다. 3.2 사례관리 과정에 활용하기 위하여 지역사회 자원을 목록화할 수 있다. 3.3 사례관리에 관련된 개별 파일을 사례유형별로 구분하여 보관할 수 있다.	
슈퍼비전 체계 만들기	4.1 사례관리 과정을 지원할 수 있는 내부외부 슈퍼비전 체계를 구축할 수 있다. 4.2 사례관리 과정에서 필요한 슈퍼비전을 내부ㆍ외부에 요청할 수 있다. 4.3 슈퍼비전의 내용을 체계적으로 기록할 수 있다. 4.4 슈퍼비전의 내용을 사례관리 과정에 적용할 수 있다.	
사례관리자 교육체계 만들기	5.1 사례관리의 품질 향상을 위하여 사례관리자에 대한 교육 계획을 수립할 수 있다 5.2 계획에 따라 사례관리자에 대한 교육을 진행할 수 있다.	

단 원 명 (능력단위 요소명)	훈 련 내 용 (수행준거)	평가시 고려사항
	5.3 교육결과에 대한 평가를 차기 교육에 반영할 수 있다.	

- 지식 . 기술 . 태도

구 분	주 요 내 용
지 식	○ 개인정보보호법 ○ 기관 내부 규정·지침(사례관리 운영체계 관련 내용) ○ 네트워크론 ○ 사례관리 운영체계의 이해 ○ 사례관리실천을 위한 매뉴얼 연구보고서 ○ 사회복지시설정보시스템 ○ 사회복지조직 인적자원개발론 ○ 사회복지지도감독론 ○ 사회사업기록(레코딩)에 대한 실천지식 ○ 슈퍼비전 체계론 ○ 슈퍼비전론 ○ 인적자원개발이론(교육훈련 관련 이론) ○ 조직관리 ○ 조직행동론 ○ 지역사회자원에 대한 정보 ○ 직무분석 ○ 커뮤니케이션 이론
기 술	○ 갈등해소 기술 ○ 거래와 협력 기술 ○ 교육계획서 작성기술 ○ 교육프로그램기획기술 ○ 면담 기록 기술 ○ 사례관리자의 역량 강화를 위한 코칭 기술 ○ 슈퍼바이지의 특성에 따른 개별화 기술 ○ 슈퍼비전 기술 ○ 의사소통 기술 ○ 인적자원재교육 기술 ○ 자료분류기술 ○ 정보를 요약하여 지침으로 정리하는 기술 ○ 조직성과 기술 ○ 행정양식 개발 기술 ○ 인사조직관리기술
태 도	○ 객관적 태도 ○ 객관적인 지침을 활용하여 발전하려는 자세 ○ 다양한 교육이론에 대한 개방적 태도 ○ 다양한 욕구와 의견을 수렴하는 태도 ○ 민주적 의사소통의 태도 ○ 민주적 태도 ○ 사례관리 과정에 중요한 일을 요약해서 기술하는 태도 ○ 사례관리자에 대한 지지적 태도

	○ 사례관리자에 의해 스스로 학습이 되도록 조력하는 태도
	○ 슈퍼비전에 대해 수용적·적극적으로 받아들이려는 태도
	○ 전문가로서의 정체성을 가질 수 있도록 지지하는 태도
	○ 정확성
	○ 정확하게 정보를 기록할 수 있는 자세
	○ 조직구성에 참여하는 구성원 선정에 객관적인 태도
	○ 조직구성원에 대한 애정
	○ 체계적 사고
	○ 클라이언트의 입장에서 기술하고자 하는 태도
	○ 합리적 의사 결정
	○ 환경·개인 상황을 통합적으로 이해하려는 태도
	○ 클라이언트를 돕고자 하는 열망

- 장비

장 비 명	단 위	활용구분(공용/전용)	1대당 활용인원
● 컴퓨터	대	공용	1
● 프린터	대	공용	-
● 사회복지전산시스템	세트	공용	-

※ 장비는 주장비만 제시한 것으로 그 외의 장비와 공구는 별도로 확보

- 재료

재 료 목 록
● 해당사항 없음

※ 재료는 주재료만 제시한 것으로 그 외의 재료는 별도로 확보

○ 과정/과목명 : 0701020403_14v2 사회복지사례관리 인테이크

- 훈련개요

훈련목표	방문 또는 의뢰체계로부터 요청된 클라이언트와 접촉하여 상황과 제시된 욕구를 파악하고 사례관리의 적합성 여부를 판단하여 사례관리를 설명 후 동의를 얻는 능력을 함량
수　준	4
최소훈련시간	8시간
훈련가능시설	강의실
권장훈련방법	집체훈련

- 편성내용

단 원 명 (능력단위 요소명)	훈 련 내 용 (수행준거)	평가시 고려사항
사례관리 설명하기	1.1 사례관리의 필요성이 있는 클라이언트에게 사례관리의 내용·과정을 설명할 수 있다. 1.2 사례관리 과정 참여로 발생하는 권리와 의무에 대해 안내할 수 있다. 1.3 클라이언트가 사례관리 참여 여부를 결정하도록 지원할 수 있다.	- 평가자는 다음의 사항을 평가해야 한다. • 대상자 발굴과 파악의 정확한 내용 여부와 변경 사항의 수시확인 등 직접적인 노력
클라이언트 일반적 상황 파악하기	2.1 사례관리 초기면접지를 활용하여 클라이언트의 상황을 조사할 수 있다. 2.2 클라이언트의 가족력, 가계도를 통해 정보를 수집할 수 있다. 2.3 클라이언트의 생태도를 통해 정보를 수집할 수 있다.	• 대상자 및 타기관단체의 의뢰에 대하여 방문 및 내방 상담 실시 시간 • 면접 및 자료를 수집하는 데 있어 상담 횟수 및 피상담자 인원수
클라이언트의 제시된 욕구 파악하기	3.1 초기면접 내용을 바탕으로 클라이언트가 가진 문제를 진단할 수 있다. 3.2 초기면접 내용을 바탕으로 클라이언트가 충족하고자 하는 욕구를 진단할 수 있다. 3.3 클라이언트가 가진 문제와 욕구에 따라 우선순위를 분류할 수 있다.	• 작성된 기록지(물)에 체계적이고 객관적인 표현 작성 유무 • 클라이언트의 요구 서비스에 대한 정확한 파악과 기관의 제공 가능한 서비스 파악 여부
클라이언트 선정하기	4.1 사례관리 선정 기준표를 활용하여 사례관리자의 종합 의견을 기술할 수 있다. 4.2 사례회의에 상정하여 사례관리 대상 여부를 결정할 수 있다. 4.3 부적합 사례에 대하여 타 기관에 의뢰, 단위 서비스, 부적합판정 사유에 대해 설명할 수 있다.	• 클라이언트에게 빠른 시일 안에 정확한 진행여부 전달 유무 • 클라이언트를 중심으로 가족 및 주변사람들이 말하는 가장 중요하고 정확한 욕구와 시급한 문제 파악여부 • 클라이언트의 면접 기록지 작성 시 객관적인 자료를 토대로 구체적인 내용 수록 여부

- 지식 . 기술 . 태도

구 분	주 요 내 용
지 식	○ 개인정보보호법 ○ 객관적 사실 표현 능력 ○ 국민기초생활보장법 ○ 대상자 선정 지침(기준) ○ 사례관리 개념에 대한 이해 ○ 사례관리 대상자 선정에 대한 행정절차 ○ 사회복지사업법 관련 지침 ○ 사회복지실천 관계 이론 ○ 욕구조사 방법 ○ 클라이언트 면접·상담이론 ○ 클라이언트와의 소통방법
기 술	○ 경청·기록정보 분석기술 ○ 공감적 의사소통기술 ○ 관계형성기술 ○ 관심기울이기 ○ 사례관리에 대한 정확한 정보 전달능력 ○ 사례회의운영기술 ○ 욕구조사기술 ○ 적극적 경청 ○ 정확한 기록 기술 ○ 질문기술 ○ 클라이언트 상황에 대한 객관적인 인식기술 ○ 클라이언트의 욕구에 대한 공감기술 ○ 판정문 작성기술
태 도	○ 비심판적인 태도 ○ 수용적인 태도 ○ 적격자에 대한 평가 기준을 준수하려는 태도 ○ 정보의 정확성을 확인하는 태도 ○ 클라이언트 상황에 대하여 올바르게 이해하려는 태도 ○ 클라이언트 중심의 태도 ○ 클라이언트를 돕고자 하는 열망 ○ 클라이언트를 돕고자 하는 의지 ○ 클라이언트를 존중하는 태도 ○ 클라이언트의 문제와 욕구에 대한 공감 노력 ○ 클라이언트의 상황에 대하여 편견 없이 이해할 수 있는 자세 ○ 클라이언트의 욕구에 대한 객관적 평가 태도 ○ 클라이언트의 이해를 돕기 위한 적극적인 정보전달자의 태도 ○ 클라이언트의 제시된 문제 상황 뿐 아니라 불편, 동기, 희망을 함께 알아보려는 태도

- 장비

장 비 명	단 위	활용구분(공용/전용)	1대당 활용인원
• 컴퓨터	대	공용	1
• 프린터	대	공용	-
• 전화기	대	공용	1
• 사회복지전산시스템	세트	공용	-

※ 장비는 주장비만 제시한 것으로 그 외의 장비와 공구는 별도로 확보

- 재료

재 료 목 록
• 해당사항 없음

※ 재료는 주재료만 제시한 것으로 그 외의 재료는 별도로 확보

○ 과정/과목명 : 0701020404_14v2 사회복지사례관리 통합적 욕구 사정

- 훈련개요

훈련목표	클라이언트와 함께 욕구상황을 통찰하고 클라이언트의 자원 접근의 장애물을 파악하며, 해결하기 위한 내적·외적자원 정보를 수집·분석하는 능력을 함량
수 준	5
최소훈련시간	8시간
훈련가능시설	강의실
권장훈련방법	집체훈련

- 편성내용

단 원 명 (능력단위 요소명)	훈 련 내 용 (수행준거)	평가시 고려사항
클라이언트 욕구 분석하기	1.1 질적, 양적 사례관리 사정도구를 활용하여 클라이언트가 중요하게 생각하는 욕구를 조사할 수 있다. 1.2 클라이언트의 가족체계와 환경의 이해를 위하여 사정도구를 활용하여 욕구 목록을 작성할 수 있다. 1.3 클라이언트의 신체, 심리, 사회, 경제적, 사회관계적 욕구의 우선순위를 정할 수 있다.	- 평가자는 다음의 사항을 평가해야 한다. ● 클라이언트 욕구에 기초한 심리, 정서, 경제적 욕구를 포괄적이고 체계적으로 파악한 노력
클라이언트 자원정보 분석하기	2.1 클라이언트가 문제해결을 위해 사용하는 공식적·비공식적 자원의 목록을 만들 수 있다. 2.2 클라이언트의 욕구를 해결하는 데 필요한 비공식적 자원과 지역사회 자원을 파악하여 자원계획을 수립할 수 있다. 2.3 클라이언트와 외부자원을 서로 연결, 협상, 옹호해 줄 수 있다.	● 생태도, 가계도, 사회적 관계망 등을 이해하고 적절하게 적용한 여부 ● 클라이언트의 공식적, 비공식적 자원과의 연계, 협력 여부 ● 클라이언트의 내적 장애물을 해결하고자 적용된 강점접근 사회복지실천 노력
클라이언트 강점찾기	3.1 클라이언트의 공식적, 비공식적 관계에서 사용된 성공적 경험을 욕구사정지에 서술할 수 있다. 3.2 사례관리자가 파악한 클라이언트의 긍정적 요소를 목록화 할 수 있다. 3.3 클라이언트와 사례관리자 간에 합의한 강점을 목록화 할 수 있다.	
클라이언트 장애물 파악하기	4.1 문제해결을 위한 자원과의 관계를 방해하는 클라이언트의 태도를 조사할 수 있다. 4.2 문제해결을 위한 자원과의 관계를 방해하는 외부적 환경 요인을 조사할 수 있다. 4.3 클라이언트와 외부환경과의 상호관계에서의 장애물을 조사할 수 있다.	

- 지식 . 기술 . 태도

구 분	주 요 내 용
지 식	○ 가족체계이론 ○ 강점관점 해결중심 치료 ○ 개인 심리역동 분석 ○ 사례관리 간접서비스 전략 지식 : 중계, 연결, 조정, 옹호, 협동전략 ○ 상담이론 ○ 심리사회역동모델 ○ 심층면접이론 ○ 역량강화이론 ○ 지역사회 네트워크 이론 ○ 지역사회 자원체계에 대한 정보 ○ 클라이언트의 태도에 대한 반향적 사고(reflective thinking)
기 술	○ 가족강점척도, 임파워먼트 척도 활용 능력 ○ 강점관점 상담 개입 기술 ○ 객관적 정보(공적정보, 의료, 법률 등) 수집기술 ○ 문서작성능력 ○ 사회적 네트워크 협상기술 ○ 상담기록 작성 능력 ○ 지역사회 자원분석 및 자원목록 작성능력 ○ 클라이언트가 사용한 정보를 조직화하는 능력 ○ 클라이언트의 욕구 수준 체계적 분석 능력 ○ 가족력, 생태도, 사회적지지망 척도 활용 능력
태 도	○ 변화 가능성을 지지하는 태도 ○ 수용하는 태도 ○ 자원계획 수립에 클라이언트의 참여를 권유하는 태도 ○ 클라이언트가 욕구해결을 위해 현재까지 노력해 온 과정을 지지하는 태도 ○ 클라이언트에 대한지지 ○ 클라이언트와 관련된 유의미한 제 3자와의 면담을 시도하려는 태도 ○ 클라이언트의 강점 인정 ○ 클라이언트의 자기결정권을 존중하는 태도 ○ 클라이언트가 자신의 정보를 표현할 때 편안함을 느낄 수 있도록 돕는 비심판적 태도 ○ 클라이언트의 표출된 욕구에 대해 경청, 공감하는 태도

- 장비

장 비 명	단 위	활용구분(공용/전용)	1대당 활용인원
● 컴퓨터	대	공용	1
● 프린터	대	공용	-

※ 장비는 주장비만 제시한 것으로 그 외의 장비와 공구는 별도로 확보

- 재료

재　료　목　록
● 해당사항 없음

※ 재료는 주재료만 제시한 것으로 그 외의 재료는 별도로 확보

○ 과정/과목명 : 0701020405_14v2 사회복지사례관리 실행계획 수립

- 훈련개요

훈련목표	클라이언트와 함께 사정내용을 근거로 클라이언트에게 필요한 자원을 설득하고, 통합사례회의를 개최하여 실행계획을 구체화하는 능력을 함량
수 준	5
최소훈련시간	8시간
훈련가능시설	강의실
권장훈련방법	집체훈련

- 편성내용

단 원 명 (능력단위 요소명)	훈 련 내 용 (수행준거)	평가시 고려사항
사례관리 목표 수립하기	1.1 클라이언트의 우선순위에 있는 욕구해결과정에 필요한 다양한 정보를 수집할 수 있다. 1.2 수집된 정보와 클라이언트가 원하는 결과를 바탕으로 욕구해결의 방법을 계획할 수 있다. 1.3 클라이언트에게 욕구해결의 계획을 설명하고, 합의를 바탕으로 사례관리 목표를 수립할 수 있다.	- 평가자는 다음의 사항을 평가해야 한다. ● 사례관리 계획을 수립하는 과정에서 반드시 클라이언트와 합의되었는가를 평가 ● 사례관리 과정에 사용되어질 수 있는 클라이언트의 정보에 대한 설명, 동의를 하였는가를 평가 ● 실행계획 수립시 자원 활용을 충분히 하였는가를 평가 ● 클라이언트가 사례관리 실행계획에 참여할 수 있는 계획수립이 이루어졌는지를 평가
사례관리 실행계획 전략수립하기	2.1 사례관리 목표를 실행하기 위해 다양한 인적, 물적 자원에 대한 정보를 수집할 수 있다. 2.2 수집된 정보를 바탕으로 욕구해결과정에 필요한 자원, 실천 방법을 목록화 할 수 있다. 2.3 목록화된 내용을 활용하여 클라이언트와 함께 욕구해결의 우선순위를 결정할 수 있다. 2.4 욕구해결 전략분석을 통하여 실행계획서를 작성할 수 있다.	
통합사례회의 실행하기	3.1 사례회의에 필요한 회의 자료를 작성할 수 있다. 3.2 사례관리팀과 관련 협력팀 간의 일정을 조정하여 사례회의를 개최할 수 있다. 3.3 인테이크와 욕구사정과정에서 수집된 정보를 기반으로 클라이언트의 상황을 자원들에게 이해하도록 설명할 수 있다. 3.4 클라이언트의 욕구 해결 방안을 모색하고 자원들이 역할을 분담할 수 있도록 조정하여 결과보고서를 작성할 수 있다.	
자원 활용 계획하기	4.1 클라이언트의 욕구해결을 위한 필요한 자원을 목록화할 수 있다. 4.2 목록화된 자원을 중심으로 클라이언트에게 필요한 자원활용 방법을 분석할 수 있다. 4.3 분석된 자원활용 방법을 근거로 하여 클라이	

단 원 명 (능력단위 요소명)	훈 련 내 용 (수행준거)	평가시 고려사항
	언트 문제욕구 과정에 필요한 자원을 설득하여 참여하도록 할 수 있다.	
클라이언트와 계약하기	5.1 클라이언트와 함께 해결해야 할 욕구에 대한 사례관리 실행계획을 확정할 수 있다. 5.2 확정된 사례관리 실행계획에 대한 계약의 의미를 설명하고 동의를 얻을 수 있다. 5.3 클라이언트의 동의를 얻은 사례관리 실행계획에 대한 계약서를 작성할 수 있다.	

- 지식 . 기술 . 태도

구 분	주 요 내 용
지 식	○ 강점관점 이론 ○ 강점관점의 상담기술 ○ 개인정보활용동의에 관한 지식 ○ 목표수립과 관련된 사회복지모델에 관한 지식 ○ 문제해결방법론 ○ 역량강화(empowerment) 이론 ○ 자원을 설득하는 의사소통에 관한 지식 ○ 전략분석에 관한 지식 ○ 정보분석방법 ○ 지역사회자원분석에 관한 지식 ○ 회의진행에 대한 실천지식 ○ 문제해결모델
기 술	○ 객관적인 데이터 분석의 기술 ○ 경청, 지지, 격려의 기술 ○ 계약서 작성기술 ○ 다양한 전략수립을 위한 창의적 사고기술 ○ 목적, 목표 작성기술 ○ 목표에 따른 해결방안 계획서 작성기술 ○ 신뢰감을 줄 수 있는 의사소통기술 ○ 자원의 필요성에 대한 설득력 있는 브리핑기술 ○ 자원파악 및 목록 작성기술 ○ 전략적 시간관리 기술 ○ 정보수집 기술 ○ 코디네이터 기술 ○ 토론 진행기술 ○ 회의진행기술
태 도	○ 구체적인 목표수립을 위해 조력하는 태도 ○ 변화지향적인 목표를 세우려는 자세 ○ 신뢰감 있고 수용적인 태도 ○ 자원들의 자발적인 참여를 유도하는 자세 ○ 자원들의 필요성에 대해 적극적으로 상황을 알리는 태도 ○ 클라이언트 중심의 사고 ○ 클라이언트가 참여의지가 있는 목표를 수립할 수 있도록 지원하는 태도

	○ 클라이언트와 목표를 달성하려는 의지
	○ 클라이언트의 동의를 전제로 작성하려는 자세
	○ 클라이언트의 욕구를 존중하는 태도
	○ 토론 주제에 대해 신뢰있게 전달하고 토론하려는 자세
	○ 토론과정에 나온 의견들에 대해 경청하는 태도
	○ 토론과정을 중립적으로 수용하고 이끌어가는 태도

- 장비

장 비 명	단 위	활용구분(공용/전용)	1대당 활용인원
• 컴퓨터	대	공용	1
• 프린터	대	공용	-
• 상담실	실	공용	-

※ 장비는 주장비만 제시한 것으로 그 외의 장비와 공구는 별도로 확보

- 재료

재 료 목 록
• 해당사항 없음

※ 재료는 주재료만 제시한 것으로 그 외의 재료는 별도로 확보

○ 과정/과목명 : 0701020406_14v2 사회복지사례관리 직접실천

- 훈련개요

훈련목표	가정방문, 상담, 집단 활동을 통하여 사례관리자가 클라이언트의 내적 장애물을 상담, 긴급 상황 개입, 교육·정보제공, 지지를 함으로써 클라이언트의 문제해결 역량을 강화하는 능력을 함양
수 준	4
최소훈련시간	8시간
훈련가능시설	강의실
권장훈련방법	집체훈련

- 편성내용

단 원 명 (능력단위 요소명)	훈 련 내 용 (수행준거)	평가시 고려사항
클라이언트 내적 장애물 상담하기	1.1 모니터링을 통해 클라이언트의 문제해결에 장애가 되는 개인 심리 내적 요인을 파악할 수 있다. 1.2 발견된 내적장애물이 어떤 영향을 미치고 있는지 통찰하도록 돕는다. 1.3 분석된 내용을 근거로 클라이언트와 해결방안을 함께 합의하여 결정할 수 있다. 1.4 합의된 해결방안에 따라 지속적 가정방문, 정기적 만남을 통한 상담, 집단가족활동을 진행할 수 있다.	- 평가자는 다음의 사항을 평가해야 한다. ● 클라이언트의 문제 감소 ● 위기의 해결 ● 클라이언트 만족도 ● 클라이언트 지지체계 강화
클라이언트 긴급상황 개입하기	2.1 클라이언트의 위기상황에 대한 객관적 정보를 수집하여 신속하게 사정할 수 있다. 2.2 필요에 따라 위기상황 해결을 위한 긴급 솔루션회의를 개최할 수 있다. 2.3 긴급한 상황 대처에 따른 적절한 기관의 정보를 활용하여 신속한 자원배치를 할 수 있다.	
클라이언트 문제해결 역량 강화하기	3.1 클라이언트의 문제해결을 위해 다양한 정보제공을 할 수 있다. 3.2 클라이언트에게 직접적으로 교육할 필요가 있을 경우 교육과정을 개발·진행·평가 할 수 있다. 3.3 클라이언트가 문제해결 과정에서 스스로 강점을 발견하고 자신감을 얻을 수 있도록 지지할 수 있다. 3.4 클라이언트의 강점을 문제해결의 내적자원으로 활용할 수 있다.	

- 지식 . 기술 . 태도

구 분	주 요 내 용
지 식	○ 가계도 탐색 ○ 강점관점 이론 ○ 과제중심 이론 ○ 교육과정개발론 ○ 동기강화 이론 ○ 문제해결방법론 ○ 심리사회모델 ○ 위기개입이론 ○ 자원네트워크 ○ 정신분석 이론 ○ 집단대상 실천 이론 ○ 해결중심 가족치료 이론
기 술	○ 강점관점 상담기술 ○ 문제해결기술 ○ 상담기술 ○ 상황보고에 대한 기록기술 ○ 응급상황 발견 시 대처 기술 ○ 응급처치 기술 ○ 의사소통기술 ○ 자료 수집 기술 ○ 지역복지 정보 연계 기술 ○ 코칭 기술 ○ 프로그램 진행기술 ○ 정보 수집 기술
태 도	○ 문제해결기술 ○ 상담기술 ○ 위기상황에 대처하는 침착한 태도 ○ 전문적이고 신뢰를 받을 수 있는 교육자적 태도 ○ 정보 수집 기술 ○ 지역자원과 협력하는 태도 ○ 클라이언트 상황에 대한 공감적 태도 ○ 클라이언트의 변화가능성에 대한 확고한 믿음 ○ 클라이언트의 실패를 두려워하지 않는 자세 ○ 프로그램 진행기술

- 장비

장 비 명	단 위	활용구분(공용/전용)	1대당 활용인원
● 컴퓨터	대	공용	1
● 프린터	대	공용	-
● 상담실	실	공용	-
● 녹음기	대	공용	-
● 전화기	대	공용	1

※ 장비는 주장비만 제시한 것으로 그 외의 장비와 공구는 별도로 확보

- 재료

재   료   목   록
● 해당사항 없음

※ 재료는 주재료만 제시한 것으로 그 외의 재료는 별도로 확보

○ 과정/과목명 : 0701020407_14v2 사회복지사례관리 간접실천

- 훈련개요

훈련목표	사회복지사례관리 간접실천이란 클라이언트의 자원 접근성을 높이고 자원과 클라이언트 간의 상호작용이 원활하도록 사례관리자가 중개·의뢰·조정·옹호·점검하며 자원을 지원하는 능력을 함량
수 준	4
최소훈련시간	8시간
훈련가능시설	강의실
권장훈련방법	집체훈련

- 편성내용

단 원 명 (능력단위 요소명)	훈 련 내 용 (수행준거)	평가시 고려사항
자원 접근성 높이기	1.1 클라이언트의 욕구에 기반하여 지역사회 내 잠재된 인적·물적 자원을 온·오프라인을 통해 발굴할 수 있다. 1.2 발굴된 자료를 기반으로 활용 가능한 자원 목록을 작성할 수 있다. 1.3 클라이언트와 협의 하에 의뢰서를 작성하여 해당 자원에 연계할 수 있다.	- 평가자는 다음의 사항을 평가해야 한다. ● 필요 자원의 발굴 과정과 방법 ● 자원의 참여 지속성 ● 클라이언트 욕구의 반영 ● 클라이언트와 자원과의 연계상황
자원과 클라이언트의 상호작용 촉진하기	2.1 클라이언트에게 지원되는 자원, 서비스 제공 빈도가 높은 자원과 협약서를 체결할 수 있다. 2.2 지원 내용의 적절성, 자원 참여의 지속성을 유지하기 위하여 정기적으로 모니터링 할 수 있다. 2.3 클라이언트 욕구 중심의 서비스를 지원하기 위해 클라이언트와의 협의 하에 자원의 내용과 제공 수준을 조정할 수 있다.	
대처능력 강화하기	3.1 문제 상황 재발 시 변화된 대처능력을 바탕으로 어떻게 대처할지에 대해서 계획할 수 있다. 3.2 문제 상황 재발 시 활용할 수 있는 주변 자원과 방해요인에 대해서 파악할 수 있다. 3.3 문제 상황에 대한 방해요인을 파악하여 적절하게 대처하는 연습을 할 수 있다. 3.4 전문적 도움이 필요할 때 클라이언트의 면담 재요청이 가능함을 알려줄 수 있다.	
지역사회자원 지원하기	3.1 클라이언트에 대한 정보를 제공함으로써 자원의 서비스 역량을 강화할 수 있다. 3.2 정기적인 교육·간담회를 실시하여 자원들의 협력동기부여, 의사소통의 기회를 제공할 수 있다. 3.3 문제해결 과정에서 발생하는 어려움에 대한 대안을 마련할 수 있다.	

- 지식 . 기술 . 태도

구 분	주 요 내 용
지 식	○ 개인정보보호법 ○ 고객관리 이론 ○ 기관 내부 규정·지침 ○ 기관 내부 규정·지침(인적·물적 자원 관련 내용) ○ 네트워크 이론 ○ 사회복지법인 및 사회복지시설 재무회계규칙(후원금품 관련 조항) ○ 역량강화 이론 ○ 지역사회자원개발
기 술	○ 교육과정 개발 기술 ○ 대인관계 기술 ○ 동기부여 기술 ○ 모니터링 기술 ○ 설득과 협상 기술 ○ 의뢰서 작성기술 ○ 자원 관련 자료 수집 기술 ○ 자원과 클라이언트의 중재 기술 ○ 조정 기술 ○ 조직화 기술 ○ 클라이언트 옹호 기술 ○ 프리젠테이션 능력 ○ 협약서 작성 기술
태 도	○ 다양한 의견을 수렴하고자 하는 태도 ○ 유연하게 사고하려는 태도 ○ 자원 참여의 지속성을 이끌어내기 위해 노력하는 자세 ○ 자원과 클라이언트의 지속적인 참여를 이끌어려는 노력 ○ 자원체계에 대한 이해 ○ 자원체계와 클라이언트에 대해 지속적인 관심을 가지려는 태도 ○ 적극적으로 자원을 발굴하고 연계하려는 의지 ○ 지역 내 자원들의 발굴 가능한 자원을 발견하려는 노력 ○ 지역사회에 대한 이해 노력 ○ 클라이언트 중심으로 사고하는 태도 ○ 클라이언트 중심의 지지체계를 형성하려는 의지 ○ 클라이언트를 옹호하려는 태도 ○ 클라이언트에 대한 이해 노력 ○ 클라이언트에게 다양한 정보를 제공하려는 노력

- 장비

장 비 명	단 위	활용구분(공용/전용)	1대당 활용인원
● 컴퓨터	대	공용	1
● 프린터	대	공용	-
● 빔프로젝터	대	공용	-
● 프리젠테이션 프로그램	세트	공용	1

※ 장비는 주장비만 제시한 것으로 그 외의 장비와 공구는 별도로 확보

- 재료

재　료　목　록
● 해당사항 없음

※ 재료는 주재료만 제시한 것으로 그 외의 재료는 별도로 확보

○ 과정/과목명 : 0701020408_14v2 사회복지사례관리 평가

- 훈련개요

훈련목표	사례관리 과정에서 수립된 클라이언트의 목표 달성 여부를 클라이언트와 함께 점검하고 사례관리 지속 여부를 판단하여 종결을 준비하도록 돕는 능력을 함량
수 준	5
최소훈련시간	8시간
훈련가능시설	강의실
권장훈련방법	집체훈련

- 편성내용

단 원 명 (능력단위 요소명)	훈 련 내 용 (수행준거)	평가시 고려사항
사례관리 모니터링하기	1.1 사례관리 목표에 근거한 진행정도, 클라이언트의 노력, 자원과의 상호작용을 점검할 수 있다. 1.2 점검된 내용을 근거로 클라이언트의 욕구를 재사정할 수 있다. 1.3 점검 상 나타난 문제의 해결대안을 파악하여 사례관리 실행계획표를 수정할 수 있다.	- 평가자는 다음의 사항을 평가해야 한다. • 클라이언트의 욕구충족 달성 여부 • 평가양식을 활용 • 평가결과에 대한 분석 능력
목표 달성여부 확인하기	2.1 클라이언트와 함께 사례관리 초기의 수립된 계획과 실제적인 목표달성도를 비교할 수 있다. 2.2 목표달성도를 평가하기 위해 질적 평가양식과 양적 평가양식을 작성할 수 있다. 2.3 평가결과를 분석하여 클라이언트의 변화도를 조사할 수 있다.	
종결 상황 점검하기	3.1 클라이언트 변화와 성과를 확인하기 위하여 클라이언트의 문제해결 과정을 정리할 수 있다. 3.2 사례관리의 종결에 따른 심리적 저항을 상담할 수 있다. 3.3 성과 및 목표달성 정도에 따라 사례회의를 통하여 사례의 종결을 결정할 수 있다.	

- 지식 . 기술 . 태도

구 분	주 요 내 용
지 식	○ 모니터링 시스템 지식 ○ 개인 정보관리 지식 ○ 욕구 재사정 ○ 성과관리 ○ 질적 데이터 분석방법 ○ 양적 데이터 분석방법 ○ 사례관리 종결의 개념 ○ 목표에 대한 평가 ○ 종결에 대한 클라이언트의 불안심리
기 술	○ 목표 달성도 점검기술 ○ 대안 제시 능력 ○ 모니터링 기술 ○ 관찰일지 작성기술 ○ 양적척도 활용기술 ○ 질적분석 자료 활용기술 ○ 사례관리 종결의 개념 ○ 목표에 대한 평가 ○ 종결에 대한 클라이언트의 불안심리
태 도	○ 새로운 욕구에 대한 민감한 태도 ○ 수평적 관계를 유지하려는 태도 ○ 사례에 대한 관심 ○ 결과에 대한 객관적 태도 ○ 분석적 사고 ○ 클라이언트의 변화를 지지하는 태도 ○ 결과를 조직 내에서 공유하는 태도

- 장비

장 비 명	단 위	활용구분(공용/전용)	1대당 활용인원
• 컴퓨터	대	공용	1
• 프린터	대	공용	-

※ 장비는 주장비만 제시한 것으로 그 외의 장비와 공구는 별도로 확보

- 재료

재 료 목 록
• 해당사항 없음

※ 재료는 주재료만 제시한 것으로 그 외의 재료는 별도로 확보

○ 과정/과목명 : 0701020409_14v2 사회복지사례관리 종결

- 훈련개요

훈련목표	종결보고서를 작성하고 사후관리를 요청한 클라이언트를 대상으로 사후관리 계획을 수립하여 일정기간 관리하는 능력을 함량
수 준	4
최소훈련시간	8시간
훈련가능시설	강의실
권장훈련방법	집체훈련

- 편성내용

단 원 명 (능력단위 요소명)	훈 련 내 용 (수행준거)	평가시 고려사항
종결보고서 작성하기	1.1 종결보고서 작성에 필요한 자료를 수집·정리할 수 있다. 1.2 사례관리 과정에서 수집된 자료를 기반으로 종결사유, 제공된 서비스, 전체적 변화와 성장, 사례관리자의 의견을 보고서로 작성할 수 있다. 1.3 사례관리 과정에서 관계된 자원들에게 사례종결에 따른 결과를 통보할 수 있다.	- 평가자는 다음의 사항을 평가해야 한다. ● 사회복지사와 클라이언트 간 종결에 대한 동의 ● 사례 종결의 적절성(목표 수행 정도) ● 클라이언트 만족도 ● 사후관리 계획
사후관리 계획 수립하기	2.1 사례종결 후 (재)개입의 필요성을 판단할 수 있다. 2.2 사례별 종결 이후 필요한 서비스를 계획할 수 있다. 2.3 클라이언트와 종결 이후의 과정을 합의할 수 있다.	
사후관리하기	3.1 클라이언트가 종결 이후의 상황을 유지·개선하도록 지지할 수 있다. 3.2 클라이언트의 외부체계를 활용하여 문제의 재발을 모니터링 할 수 있다. 3.3 문제 상황 발생 시 사정을 통하여 재개입하거나 타 기관에 의뢰할 수 있다.	

- 지식 . 기술 . 태도

구 분	주 요 내 용
지 식	○ 개인정보보호법 ○ 기관 내부 규정 · 지침 ○ 사례관리 종결의 개념 ○ 사후관리 개념 ○ 역량강화이론 ○ 클라이언트 재사정
기 술	○ 개별 파일 정리 기술 ○ 모니터링 기술 ○ 연계 서비스 제공 기술 ○ 종결 보고서 작성 기술 ○ 지역사회자원 연계기술 ○ 지지와 격려 ○ 협상기술
태 도	○ 작은 성공이라도 놓치지 않는 세심한 태도 ○ 클라이언트에 대한 책임성 ○ 원활한 커뮤니케이션 창출을 위한 의지 ○ 결과를 자원과 공유하고자 하는 태도 ○ 클라이언트에 대한 수용과 지지 ○ 자기결정권 존중 ○ 클라이언트의 새로운 문제에 실망하지 않고 유연하게 대처하는 태도

- 장비

장 비 명	단 위	활용구분(공용/전용)	1대당 활용인원
• 컴퓨터	대	공용	1
• 프린터	대	공용	-

※ 장비는 주장비만 제시한 것으로 그 외의 장비와 공구는 별도로 확보

- 재료

재 료 목 록
• 해당사항 없음

※ 재료는 주재료만 제시한 것으로 그 외의 재료는 별도로 확보

Ⅲ. 고려사항

1. 활용방법

○ 훈련기준에서 제시한 이외의 과정수립에 필요한 사항은 「근로자직업능력개발법」 등 관련 규정을 참고하시기 바랍니다.

○ 본 훈련기준의 훈련과정은 모듈식으로, 장-단기과정 모두에서 활용가능하며, 훈련사업별로 요구하는 훈련과정 편성지침에 따라 편성할 수 있습니다.

○ 3월 350시간 이상의 장기 훈련과정을 편성하는 경우, 수강생의 수준에 적합하게 훈련이수체계도에서 제시한 해당직종의 훈련과정/과목을 필수로 반영하고, 이외 관련 직종의 과정/과목을 선택하여 편성할 수 있습니다.

> * 단, 훈련생이 '필수과정'의 일부 훈련 과정/과목을 이수하거나, 직무수행경력이 있는 경우에는 해당 훈련과정/과목을 제외하고 훈련할 수 있습니다.
>
> * 효율적으로 훈련하기 위해 둘 이상의 과정/과목을 결합하여 대(大)과목으로 편성하거나, 하나의 과정/과목을 둘 이상의 세(細)과목으로 편성하여 훈련할 수 있습니다.
>
> * 훈련과정/과목에서 제시한 훈련시간은 훈련생의 학습능력을 고려하여 최대 50%까지 연장하여 훈련할 수 있습니다.

2. 참고사항

가. 관련자격종목
○ 사회복지사자격증

나. 직업활동 영역
○ 지역사회복지관 등 사회복지기관

다. 국가직무능력표준 관련 직종
○ 해당사항 없음

라. 관련 홈페이지 안내
○ 훈련기준 및 국가직무능력표준 : http://www.ncs.go.kr
○ 자격정보 : http://www.q-net.or.kr
○ 훈련교재 및 매체 : http://book.hrdkorea.or.kr

3 출제기준

□ 개발목적
 ○ 각종 자격의 시험문제 작성시 활용하는 기준을 국가직무능력표준에 따라 제시하기 위하여 출제기준(시안)* 개발
  * 출제기준(시안) : 출제기준의 경우에는 이를 확정하는 절차를 법령으로 정하여 운영함에 따라 확정된 '출제기준'과 국가직무능력표준을 근거로 마련된 출제기준을 구분하기 위하여 '출제기준(시안)' 용어 사용

□ 활용대상
 ○ 국가기술자격법에 따른 국가기술자격
 ○ 개별법령에 따른 국가전문자격
 ○ 자격기본법에 따른 공인민간자격, 민간자격
 ○ 고용보험법에 따른 사업내 자격

□ 활용(예시)
 ○ 자격 및 자격취득자 특성에 따라 능력단위별 출제기준(시안)을 조합하여 출제기준으로 활용

〈방법〉국가직무능력표준 개발시 관련자격 개선 의견(예시)로 제시된 내용을 그대로 활용

자 격 종 목	능 력 단 위		수 준
	분 류 번 호	명 칭	
궤도기능사(가칭)	14220603_12v1	궤도부설	5
	14220602_12v1	레일용접	4
	14220605_12v1	부대공사	3

1.1. 출제기준(시안)

Ⅰ. 자격개요

1. 자격 정의

대 분 류	사회복지·종교	중 분 류	사회복지	소 분 류	사회복지서비스
자격종목명		사회복지사		분류번호	07010201
자격종목정의		복합적인 욕구를 스스로 해결하기에 취약한 클라이언트의 효율적 문제해결과 역량강화를 위하여 내적·외적 운영체계를 구축하고, 지역사회 자원들이 협력하여 직접·간접 실천을 수행하는 일이다.			

Ⅱ. 능력단위별 출제기준(시안)

능 력 단 위		사회복지사례관리 외부운영체계 구축		능력단위 수준	5
분 류 번 호		0701020401_14v2			
능력단위 정의		사회복지사례관리 외부운영체계 구축이란 사례관리자가 사례관리를 수행하는데 필요한 대상자의 발굴과 의뢰체계, 지역사회 자원연계체계를 구축하는 일이다.			
평 가 방 법		지필평가 : 서술형	시 간		60분
		실무평가 : 포트폴리오	시 간		60분

	능력단위 요소 (세 부 항 목)	수 행 준 거 (세 세 항 목)
평가 내용	클라이언트 발굴·의뢰 체계 개발하기	1.1 사례 발굴·의뢰 체계를 조직하기 위한 계획을 수립할 수 있다. 1.2 사례 발굴·의뢰 체계 개발을 위하여 협력기관을 설득할 수 있다. 1.3 사례 발굴·의뢰 체계와 공식적 협약을 체결할 수 있다.
	지역사회 자원연계 체계 개발하기	2.1 사례관리 대상에게 필요한 자원 목록을 범주별로 정리할 수 있다. 2.2 지역사회자원조사를 통해 가용 자원의 목록을 작성할 수 있다. 2.3 클라이언트의 욕구가 발생되었을 때 즉시 자원 연계와 협력이 이루어질 수 있는 실질적 협약관계를 맺을 수 있다.
	지역사회 자원연계 체계 관리하기	3.1 사례관리에 필요한 지역사회의 자원연계 회의 체계를 조직할 수 있다. 3.2 사례관리계획표에 지역사회 자원의 명확한 역할을 규정하고 위임할 수 있다. 3.3 활용 가능한 외부체계와 관련된 자료를 정기적으로 업데이트할 수 있다.
관련 지식	○ 네트워크 이론 ○ 리더십이론 ○ 문제해결이론 ○ 사례관리이론(운영체계 이해) ○ 의사소통이론 ○ 자원의 개념과 범주 ○ 지역사회조직이론 ○ 네트워크 이론	
평가 시설 · 장비	● 컴퓨터 ● 프린터	

능력단위	사회복지사례관리 내부운영체계 구축	능력단위 수준	6
분류번호	0701020302_14v2		

능력단위 정의	사회복지사례관리 내부운영체계 구축이란 사례관리 전담조직구성, 사례관리 지침, 양식을 개발하여 공유하고, 운영관리 체계를 구축하는 일이다.

평가 방법	지필평가 : 서술형	시 간	60분
	실무평가 : 포트폴리오	시 간	60분

	능력단위 요소 (세부 항목)	수 행 준 거 (세세 항목)
평가 내용	사례관리 조직 구성하기	1.1 사례관리에 대한 조직유형 분석을 통해 조직체계를 구성할 수 있다. 1.2 사례관리업무의 효율적인 진행을 위하여 조직 내 사례관리팀을 구성할 수 있다. 1.3 조직된 사례관리 팀 내부의 역할분장을 할 수 있다.
	사례관리 지침 만들기	2.1 사례관리를 위한 운영규정을 제정·개정할 수 있다. 2.2 조직 내에서 효과적인 사례관리 수행을 위한 매뉴얼을 만들 수 있다. 2.3 조직에서 효과적으로 운영할 수 있는 사례관리 양식을 개발할 수 있다.
	데이터 관리하기	3.1 사례관리 실천 과정에 따른 제반 문서에 객관적으로 기술할 수 있다. 3.2 사례관리 과정에 활용하기 위하여 지역사회자원을 목록화할 수 있다. 3.3 사례관리에 관련된 개별 파일을 사례유형별로 구분하여 보관할 수 있다.
	슈퍼비전 체계 만들기	4.1 사례관리 과정을 지원할 수 있는 내부·외부 슈퍼비전 체계를 구축할 수 있다. 4.2 사례관리 과정에서 필요한 슈퍼비전을 내부·외부에 요청할 수 있다. 4.3 슈퍼비전의 내용을 체계적으로 기록할 수 있다. 4.4 슈퍼비전의 내용을 사례관리 과정에 적용할 수 있다.
	사례관리자 교육체계 만들기	5.1 사례관리의 품질 향상을 위하여 사례관리자에 대한 교육 계획을 수립할 수 있다 5.2 계획에 따라 사례관리자에 대한 교육을 진행할 수 있다. 5.3 교육결과에 대한 평가를 차기 교육에 반영할 수 있다.
관련 지식	○ 개인정보보호법 ○ 기관 내부 규정·지침(사례관리 운영체계 관련 내용) ○ 네트워크론 ○ 사례관리 운영체계의 이해 ○ 사례관리실천을 위한 매뉴얼 연구보고서 ○ 사회복지시설정보시스템 ○ 사회복지조직 인적자원개발 ○ 사회사업기록(레코딩)에 대한 실천지식 ○ 슈퍼비전 체계론 ○ 슈퍼비전론 ○ 인적자원개발이론(교육훈련 관련 이론) ○ 조직관리 ○ 조직행동론 ○ 지역사회자원에 대한 정보 ○ 직무분석 ○ 커뮤니케이션 이론	
평가 시설· 장비	● 컴퓨터 ● 프린터 ● 사회복지전산시스템	

능력단위	사회복지사례관리 인테이크	능력단위 수준	4
분류번호	0701020403_14v2		

능력단위 정의	사회복지사례관리 인테이크(intake)란 방문 또는 의뢰체계로부터 요청된 클라이언트와 접촉하여 상황과 제시된 욕구를 파악하고 사례관리의 적합성 여부를 판단하여 사례관리를 설명 후 동의를 얻는 능력이다.

평가 방법	지필평가 : 서술형	시 간	60분
	실무평가 : 포트폴리오	시 간	60분

	능력단위 요소 (세부 항목)	수 행 준 거 (세세 항목)
평가 내용	사례관리 설명하기	1.1 사례관리의 필요성이 있는 클라이언트에게 사례관리의 내용·과정을 설명할 수 있다. 1.2 사례관리 과정 참여로 발생하는 권리와 의무에 대해 안내할 수 있다. 1.3 클라이언트가 사례관리 참여 여부를 결정하도록 지원할 수 있다.
	클라이언트 일반적 상황 파악하기	2.1 사례관리 초기면접지를 활용하여 클라이언트의 상황을 조사할 수 있다. 2.2 클라이언트의 가족력, 가계도를 통해 정보를 수집할 수 있다. 2.3 클라이언트의 생태도를 통해 정보를 수집할 수 있다.
	클라이언트의 제시된 욕구 파악하기	3.1 초기면접 내용을 바탕으로 클라이언트가 가진 문제를 진단할 수 있다. 3.2 초기면접 내용을 바탕으로 클라이언트가 충족하고자 하는 욕구를 진단할 수 있다. 3.3 클라이언트가 가진 문제와 욕구에 따라 우선순위를 분류할 수 있다.
	클라이언트 선정하기	4.1 사례관리 선정 기준표를 활용하여 사례관리자의 종합 의견을 기술할 수 있다. 4.2 사례회의에 상정하여 사례관리 대상 여부를 결정할 수 있다. 4.3 부적합 사례에 대하여 타 기관에 의뢰, 단위 서비스, 부적합판정 사유에 대해 설명할 수 있다.
관련 지식	○ 개인정보보호법 ○ 객관적 사실 표현 능력 ○ 국민기초생활보장법 ○ 대상자 선정 지침(기준) ○ 사례관리 개념에 대한 이해 ○ 사례관리 대상자 선정에 대한 행정절차 ○ 사회복지사업법 관련 지침 ○ 사회복지실천 관계 이론 ○ 욕구조사 방법 ○ 클라이언트 면접·상담이론 ○ 클라이언트와의 소통방법	
평가 시설· 장비	● 컴퓨터 ● 프린터 ● 전화기 ● 사회복지전산시스템	

능 력 단 위	사회복지사례관리 통합적 욕구 사정	능력단위 수준	5
분 류 번 호	0701020404_14v2		

능력단위 정의	사회복지사례관리 통합적 욕구 사정이란 클라이언트와 함께 욕구상황을 통찰하고 클라이언트의 자원 접근의 장애물을 파악하며, 해결하기 위한 내적·외적자원 정보를 수집·분석하는 일이다.

평 가 방 법	지필평가 : 서술형	시 간	60분
	실무평가 : 일지, 체크리스트	시 간	60분

	능력단위 요소 (세부항목)	수 행 준 거 (세세항목)
평가 내용	클라이언트 욕구 분석하기	1.1 질적, 양적 사례관리 사정도구를 활용하여 클라이언트가 중요하게 생각하는 욕구를 조사할 수 있다. 1.2 클라이언트의 가족체계와 환경의 이해를 위하여 사정도구를 활용하여 욕구 목록을 작성할 수 있다. 1.3 클라이언트의 신체, 심리, 사회, 경제적, 사회관계적 욕구의 우선순위를 정할 수 있다.
	클라이언트 자원정보 분석하기	2.1 클라이언트가 문제해결을 위해 사용하는 공식적·비공식적 자원의 목록을 만들 수 있다. 2.2 클라이언트의 욕구를 해결하는 데 필요한 비공식적 자원과 지역사회 자원을 파악하여 자원계획을 수립할 수 있다. 2.3 클라이언트와 외부자원을 서로 연결, 협상, 옹호해 줄 수 있다.
	클라이언트 강점찾기	3.1 클라이언트의 공식적, 비공식적 관계에서 사용된 성공적 경험을 욕구사정지에 서술할 수 있다. 3.2 사례관리자가 파악한 클라이언트의 긍정적 요소를 목록화 할 수 있다. 3.3 클라이언트와 사례관리자 간에 합의한 강점을 목록화 할 수 있다.
	클라이언트 장애물 파악하기	4.1 문제해결을 위한 자원과의 관계를 방해하는 클라이언트의 태도를 조사할 수 있다. 4.2 문제해결을 위한 자원과의 관계를 방해하는 외부적 환경 요인을 조사할 수 있다. 4.3 클라이언트와 외부환경과의 상호관계에서의 장애물을 조사할 수 있다.
관련 지식	○ 가족체계이론 ○ 강점관점 해결중심 치료 ○ 개인 심리역동 분석 ○ 사례관리 간접서비스 전략 지식 : 중계, 연결, 조정, 옹호, 협동전략 ○ 상담이론 ○ 심리사회역동모델 ○ 심층면접이론 ○ 역량강화이론 ○ 지역사회 네트워크 이론 ○ 지역사회 자원체계에 대한 정보 ○ 클라이언트의 태도에 대한 반향적 사고(reflective thinking)	
평가 시설· 장비	● 컴퓨터 ● 프린터	

능력단위	사회복지사례관리 실행계획 수립	능력단위 수준	5
분류번호	0701020405_14v2		

능력단위 정의	사회복지사례관리 실행계획 수립이란 클라이언트와 함께 사정내용을 근거로 클라이언트에게 필요한 자원을 설득하고, 통합사례회의를 개최하여 실행계획을 구체화하는 능력이다.		

평 가 방 법	지필평가 : 서술형	시 간	60분
	실무평가 : 일지, 체크리스트	시 간	60분

	능력단위 요소 (세 부 항 목)	수 행 준 거 (세 세 항 목)
평가 내용	사례관리 목표 수립하기	1.1 클라이언트의 우선순위에 있는 욕구해결과정에 필요한 다양한 정보를 수집할 수 있다. 1.2 수집된 정보와 클라이언트가 원하는 결과를 바탕으로 욕구해결의 방법을 계획할 수 있다. 1.3 클라이언트에게 욕구해결의 계획을 설명하고, 합의를 바탕으로 사례관리 목표를 수립할 수 있다.
	사례관리 실행계획 전략수립하기	2.1 사례관리 목표를 실행하기 위해 다양한 인적, 물적 자원에 대한 정보를 수집할 수 있다. 2.2 수집된 정보를 바탕으로 욕구해결과정에 필요한 자원, 실천 방법을 목록화 할 수 있다. 2.3 목록화된 내용을 활용하여 클라이언트와 함께 욕구해결의 우선순위를 결정할 수 있다. 2.4 욕구해결 전략분석을 통하여 실행계획서를 작성할 수 있다.
	통합사례회의 실행하기	3.1 사례회의에 필요한 회의 자료를 작성할 수 있다. 3.2 사례관리팀과 관련 협력팀 간의 일정을 조정하여 사례회의를 개최할 수 있다. 3.3 인테이크와 욕구사정과정에서 수집된 정보를 기반으로 클라이언트의 상황을 자원들에게 이해하도록 설명할 수 있다. 3.4 클라이언트의 욕구 해결 방안을 모색하고 자원들이 역할을 분담할 수 있도록 조정하여 결과보고서를 작성할 수 있다.
	자원 활용 계획하기	4.1 클라이언트의 욕구해결을 위한 필요한 자원을 목록화할 수 있다. 4.2 목록화된 자원을 중심으로 클라이언트에게 필요한 자원활용 방법을 분석할 수 있다. 4.3 분석된 자원활용 방법을 근거로 하여 클라이언트 문제욕구 과정에 필요한 자원을 설득하여 참여하도록 할 수 있다.
	클라이언트와 계약하기	5.1 클라이언트와 함께 해결해야 할 욕구에 대한 사례관리 실행계획을 확정할 수 있다. 5.2 확정된 사례관리 실행계획에 대한 계약의 의미를 설명하고 동의를 얻을 수 있다. 5.3 클라이언트의 동의를 얻은 사례관리 실행계획에 대한 계약서를 작성할 수 있다.

관련 지식	○ 강점관점 이론 ○ 강점관점의 상담기술 ○ 개인정보활용동의에 관한 지식 ○ 목표수립과 관련된 사회복지모델에 관한 지식

	○ 문제해결방법론 ○ 역량강화(empowerment) 이론 ○ 자원을 설득하는 의사소통에 관한 지식 ○ 전략분석에 관한 지식 ○ 정보분석방법 ○ 지역사회자원분석에 관한 지식 ○ 회의진행에 대한 실천지식 ○ 문제해결모델
평가 시설· 장비	● 컴퓨터 ● 프린터 ● 상담실

능 력 단 위	사회복지사례관리 직접실천	능력단위 수준	4
분 류 번 호	0701020406_14v2		

	능력단위 정의	사회복지사례관리 직접실천이란 가정방문, 상담, 집단 활동을 통하여 사례관리자가 클라이언트의 내적 장애물을 상담, 긴급 상황 개입, 교육 정보제공, 지지를 함으로써 클라이언트의 문제해결 역량을 강화하는 능력이다.		

평 가 방 법	지필평가 : 서술형	시 간	60분
	실무평가 : 일지, 사례연구	시 간	60분

	능력단위 요소 (세 부 항 목)	수 행 준 거 (세 세 항 목)
평가 내용	클라이언트 내적 장애물 상담하기	1.1 모니터링을 통해 클라이언트의 문제해결에 장애가 되는 개인 심리 내적 요인을 파악할 수 있다. 1.2 발견된 내적장애물이 어떤 영향을 미치고 있는지 통찰하도록 돕는다. 1.3 분석된 내용을 근거로 클라이언트와 해결방안을 함께 합의하여 결정할 수 있다. 1.4 합의된 해결방안에 따라 지속적 가정방문, 정기적 만남을 통한 상담, 집단가족활동을 진행할 수 있다.
	클라이언트 긴급상황 개입하기	2.1 클라이언트의 위기상황에 대한 객관적 정보를 수집하여 신속하게 사정할 수 있다. 2.2 필요에 따라 위기상황 해결을 위한 긴급 솔루션회의를 개최할 수 있다. 2.3 긴급한 상황 대처에 따른 적절한 기관의 정보를 활용하여 신속한 자원배치를 할 수 있다.
	클라이언트 문제해결 역량 강화하기	3.1 클라이언트의 문제해결을 위해 다양한 정보제공을 할 수 있다. 3.2 클라이언트에게 직접적으로 교육할 필요가 있을 경우 교육과정을 개발·진행·평가 할 수 있다. 3.3 클라이언트가 문제해결 과정에서 스스로 강점을 발견하고 자신감을 얻을 수 있도록 지지할 수 있다. 3.4 클라이언트의 강점을 문제해결의 내적자원으로 활용할 수 있다.

관련 지식	○ 가계도 탐색 ○ 강점관점 이론 ○ 과제중심 이론 ○ 교육과정개발론 ○ 동기강화 이론 ○ 문제해결방법론 ○ 심리사회모델 ○ 위기개입이론 ○ 자원네트워크 ○ 정신분석 이론 ○ 집단대상 실천 이론 ○ 해결중심 가족치료 이론

평가 시설· 장비	• 컴퓨터 • 프린터 • 상담실 • 녹음기 • 전화기

능 력 단 위	사회복지사례관리 간접실천	능력단위 수준	4
분 류 번 호	0701020407_14v2		

능력단위 정의	사회복지사례관리 간접실천이란 클라이언트의 자원 접근성을 높이고 자원과 클라이언트 간의 상호작용이 원활하도록 사례관리자가 중개·의뢰·조정·옹호·점검하며 자원을 지원하는 능력이다.

평 가 방 법	지필평가 : 서술형	시 간	60분
	실무평가 : 포트폴리오	시 간	60분

	능력단위 요소 (세 부 항 목)	수 행 준 거 (세 세 항 목)
평가 내용	자원 접근성 높이기	1.1 클라이언트의 욕구에 기반하여 지역사회 내 잠재된 인적·물적 자원을 온·오프라인을 통해 발굴할 수 있다. 1.2 발굴된 자료를 기반으로 활용 가능한 자원 목록을 작성할 수 있다. 1.3 클라이언트와 협의 하에 의뢰서를 작성하여 해당 자원에 연계할 수 있다.
	자원과 클라이언트의 상호작용 촉진하기	2.1 클라이언트에게 지원되는 자원, 서비스 제공 빈도가 높은 자원과 협약서를 체결할 수 있다. 2.2 지원 내용의 적절성, 자원 참여의 지속성을 유지하기 위하여 정기적으로 모니터링 할 수 있다. 2.3 클라이언트 욕구 중심의 서비스를 지원하기 위해 클라이언트와의 협의 하에 자원의 내용과 제공 수준을 조정할 수 있다.
	대처능력 강화하기	3.1 문제 상황 재발 시 변화된 대처능력을 바탕으로 어떻게 대처할지에 대해서 계획할 수 있다. 3.2 문제 상황 재발 시 활용할 수 있는 주변 자원과 방해요인에 대해서 파악할 수 있다. 3.3 문제 상황에 대한 방해요인을 파악하여 적절하게 대처하는 연습을 할 수 있다. 3.4 전문적 도움이 필요할 때 클라이언트의 면담 재요청이 가능함을 알려줄 수 있다.
	지역사회자원 지원하기	3.1 클라이언트에 대한 정보를 제공함으로써 자원의 서비스 역량을 강화할 수 있다. 3.2 정기적인 교육·간담회를 실시하여 자원들의 협력동기부여, 의사소통의 기회를 제공할 수 있다. 3.3 문제해결 과정에서 발생하는 어려움에 대한 대안을 마련할 수 있다.
관련 지식	○ 개인정보보호법 ○ 고객관리 이론 ○ 기관 내부 규정·지침 ○ 기관 내부 규정·지침(인적·물적 자원 관련 내용) ○ 네트워크 이론 ○ 사회복지법인 및 사회복지시설 재무회계규칙(후원금품 관련 조항) ○ 역량강화 이론 ○ 지역사회자원개발	
평가 시설· 장비	● 컴퓨터 ● 프린터 ● 빔프로젝터 ● 프리젠테이션 프로그램	

능력단위	사회복지사례관리 평가	능력단위 수준	5
분류번호	0701020408_14v2		

능력단위 정의	사회복지사례관리 평가는 사례관리 과정에서 수립된 클라이언트의 목표 달성 여부를 클라이언트와 함께 점검하고 사례관리 지속 여부를 판단하여 종결을 준비하도록 돕는 능력이다.

평가 방법	지필평가 : 서술형	시 간	60분
	실무평가 : 체크리스트	시 간	60분

	능력단위 요소 (세부 항목)	수 행 준 거 (세세 항목)
평가 내용	사례관리 모니터링하기	1.1 사례관리 목표에 근거한 진행정도, 클라이언트의 노력, 자원과의 상호작용을 점검할 수 있다. 1.2 점검된 내용을 근거로 클라이언트의 욕구를 재사정할 수 있다. 1.3 점검 상 나타난 문제의 해결대안을 파악하여 사례관리 실행계획표를 수정할 수 있다.
	목표 달성여부 확인하기	2.1 클라이언트와 함께 사례관리 초기의 수립된 계획과 실제적인 목표달성도를 비교할 수 있다. 2.2 목표달성도를 평가하기 위해 질적 평가양식과 양적 평가양식을 작성할 수 있다. 2.3 평가결과를 분석하여 클라이언트의 변화도를 조사할 수 있다.
	종결 상황 점검하기	3.1 클라이언트 변화와 성과를 확인하기 위하여 클라이언트의 문제해결 과정을 정리할 수 있다. 3.2 사례관리의 종결에 따른 심리적 저항을 상담할 수 있다. 3.3 성과 및 목표달성 정도에 따라 사례회의를 통하여 사례의 종결을 결정할 수 있다.
관련 지식	○ 모니터링 시스템 지식 ○ 개인 정보관리 지식 ○ 욕구 재사정 ○ 성과관리 ○ 질적 데이터 분석방법 ○ 양적 데이터 분석방법 ○ 사례관리 종결의 개념 ○ 목표에 대한 평가 ○ 종결에 대한 클라이언트의 불안심리	
평가 시설· 장비	• 컴퓨터 • 프린터	

능력단위	사회복지사례관리 종결	능력단위 수준	4
분류번호	0701020409_14v2		

능력단위 정의	사회복지사례관리 종결은 종결보고서를 작성하고 사후관리를 요청한 클라이언트를 대상으로 사후관리 계획을 수립하여 일정기간 관리하는 능력이다.

평 가 방 법	지필평가 : 서술형	시 간	60분
	실무평가 : 체크리스트	시 간	60분

	능력단위 요소 (세 부 항 목)	수 행 준 거 (세 세 항 목)
평가 내용	종결보고서 작성하기	1.1 종결보고서 작성에 필요한 자료를 수집·정리할 수 있다. 1.2 사례관리 과정에서 수집된 자료를 기반으로 종결사유, 제공된 서비스, 전체적 변화와 성장, 사례관리자의 의견을 보고서로 작성할 수 있다. 1.3 사례관리 과정에서 관계된 자원들에게 사례종결에 따른 결과를 통보할 수 있다.
	사후관리 계획 수립하기	2.1 사례종결 후 (재)개입의 필요성을 판단할 수 있다. 2.2 사례별 종결 이후 필요한 서비스를 계획할 수 있다. 2.3 클라이언트와 종결 이후의 과정을 합의할 수 있다.
	사후관리하기	3.1 클라이언트가 종결 이후의 상황을 유지·개선하도록 지지할 수 있다. 3.2 클라이언트의 외부체계를 활용하여 문제의 재발을 모니터링 할 수 있다. 3.3 문제 상황 발생 시 사정을 통하여 재개입하거나 타 기관에 의뢰할 수 있다.
관련 지식	○ 개인정보보호법 ○ 기관 내부 규정 · 지침 ○ 사례관리 종결의 개념 ○ 사후관리 개념 ○ 역량강화이론 ○ 클라이언트 재사정	
평가 시설 · 장비	• 컴퓨터 • 프린터	

CHAPTER IV

부 록

Ⅰ. 사회복지서비스 산업현장 검증

1 검증 사업체 현황(가나다순)

□ 세분류명 : 사회복지사례관리

번 호	사 업 체 명
1	갈산종합사회복지관
2	강남종합사회복지관
3	계양종합사회복지관
4	구로노인복지관
5	남부무한돌봄행복나눔센터
6	남부장애인종합사회복지관
7	달서건강가정지원센터
8	대구남구청
9	대덕구장애인종합복지관
10	대전 자혜원
11	대한가정법률복지상담원
12	등촌9종합사회복지관
13	만수종합사회복지관
14	미추홀종합사회복지관
15	방화6종합사회복지관
16	사랑마을
17	사랑모아장애인주간보호센터
18	상계백병원
19	상주시중증장애인자립지원센터
20	서대문노인복지관
21	서대문노인종합사회복지관

번 호	사 업 체 명
22	서대문농아인복지관
23	서대문장애인종합사회복지관
24	서대문종합사회복지관
25	서울북부병원
26	서울재활병원
27	성덕원
28	성락종합사회복지관
29	성정종합사회복지관
30	송림종합사회복지관
31	시소와그네
32	쌍용종합사회복지관
33	아주대학교병원
34	연무종합사회복지관
35	열린가정폭력상담소
36	영생원
37	유성구종합복지관
38	인천청소년상담센터
39	장안종합사회복지관
40	정읍종합사회복지관
41	종로종합사회복지관
42	중앙자활지원센터
43	창동종합사회복지관
44	청원군정신건강증진센터
45	청주정신건강증진센터
46	풍납데이케어센터
47	한국학교사회복지사협회
48	한밭장애인성폭력상담소
49	혜명양로원
50	홍은종합사회복지관

2 검증 결과

□ 세분류명 : 사회복지사례관리

구 분	세 부 내 용	업체수	평균 점수	평 가 결 과
1. 직무구조	1.1 능력단위 구성	50	4.36	적절
2. 직무 및 능력단위	2.1 직무정의	50	4.52	적절
	2.2 능력단위 정의	50	4.48	적절
	2.3 능력단위	50	4.24	적절
3. 능력단위요소	3.1 능력단위요소	50	3.96	적절
	3.2 수행준거	50	4.42	적절
	3.3 지식	50	4.25	적절
	3.4 기술	50	4.00	적절
	3.5 태도	50	4.52	적절
4. 직업기초능력	4.1 직업기초능력	50	4.20	적절
5. 적용범위 및 작업 상황	5.1 고려사항	50	4.40	적절
	5.2 자료 · 관련서류	50	4.40	적절
	5.3 장비 · 도구	50	4.24	적절
6. 평가지침	6.1 평가방법	50	4.32	적절
	6.2 평가시 고려사항	50	4.00	적절
7. 능력단위 및 능력 단위요소 수준 평정	7.1 능력단위 수준 평정	50	4.20	적절
	7.2 능력단위요소 수준 평정	50	4.04	적절
8. 관련자격 개선 의견	8.1 자격과 표준 비교안	50	4.16	적절
	8.2 자격 개선의견	50	3.92	적절

Ⅱ. 사회복지서비스 표준 개발 참여 전문가 명단

구 분		소 속	직 위	성 명
개발 전문가	산업계	궁동종합사회복지관	관장	남회수
		이대종합사회복지관	관장	이영경
		신길종합사회복지관	과장	김양선
		남양주시 희망복지과	공무원	박세현
		인천기독교종합사회복지관	관장	양미희
		승가원 장애아동시설	사무국장	남은정
		진천군노인복지관	사무국장	이종욱
	교육 훈련	연세대학교	강사	김유심
		나사렛대학교	겸임교수	송근창
		경인여자대학교	교수	조현순
	자격	루터대학교	교수	이선영
WG심의위원		대구대학교	교수	정소희
		영등포노인복지관	관장	박영숙
		화인컨설팅그룹	대표	민경국
		상동종합사회복지관	부장	강희복
		원당종합사회복지관	부장	오은경
		경기대학교	교수	김형모
		남서울대학교	교수	최소연
		영진전문대학교	교수	이애재
		한국산업인력공단	과장	한선희
검토위원		사회복지법인 월드비전 동두천 FDC	팀장	이진이
		고려사이버대학	교수	배숙경
개발용역 수행기관		한국사회복지사협회	교수(부산대)	이기영
		한국사회복지사협회	연구위원	김제선
		한국사회복지사협회	차장	박용득
		한국사회복지사협회	연구원	유재윤
		한국사회복지사협회	연구원	주찬희
		한국사회복지사협회	대리	김동현
한국산업인력공단		표준개발실	실장	김록환
		표준개발1팀	팀장	김병천
		표준개발1팀	과장	김재호